Stadtplan Marburg

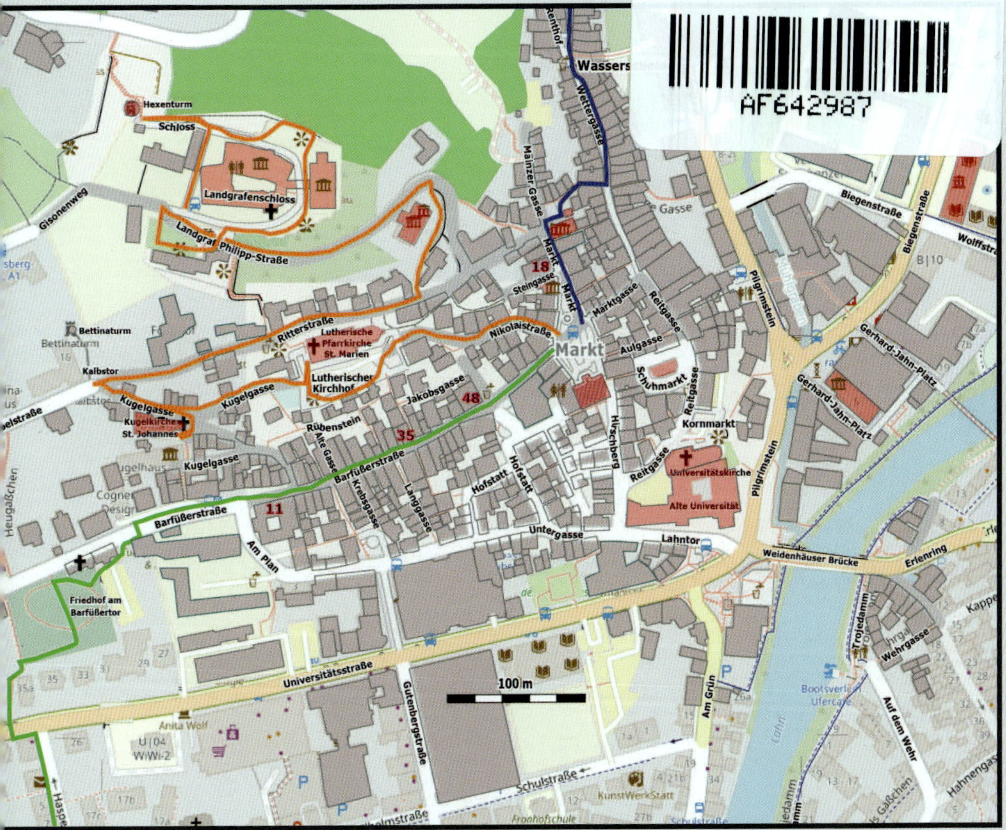

Heinrich Stürzl und
Hans-Peter Ziemek

Kleines Marburg-ABC

Husum

Vorwort

„Die alte, von jeher durch den letzten Aufenthalt, Tod und Begräbnis der heiligen Landgräfin Elisabeth von Thüringen berühmte Stadt, liegt krumm, schief und buckelig unter einer alten Burg, den Berg hinab". So urteilte vor über 200 Jahren der Marburger Professor Johann Heinrich Jung-Stilling über Marburg. Gleichzeitig beschreibt er die „schöne und sehr angenehme" Umgebung der Stadt.

Heute wohnen in der Kernstadt von Marburg und ihren 18 Ortsteilen rund 76.000 Einwohner*innen, davon mehr als 20.000 Studierende.

Wir möchten Ihnen mit diesem Buch die in der Mitte zwischen Frankfurt und Kassel gelegene Stadt Marburg näherbringen. In 45 Stichworten wird die faszinierende, über 800-jährige Geschichte der Stadt Marburg erzählt und ihre Bedeutung als Universitäts- und Wissenschaftsstadt in der Gegenwart geschildert. Es kann als Nachschlagewerk dienen, wenn Sie sich für einige Zeit in Marburg aufhalten und die vielfältigen Sehenswürdigkeiten kennenlernen möchten. Aber auch Einheimische finden hier vielleicht noch das eine oder andere, was sie noch nicht wussten.

Historische Stadtansicht vor 1880 mit der alten Weidenhäuser Brücke vom Lahnufer in Weidenhausen aus gesehen. Die Alte Universität vor der Universitätskirche ist noch nicht fertiggestellt.

Beginnen möchten wir mit der Beschreibung von drei Stadtspaziergängen, die Ihnen in kurzer Zeit die wichtigsten Orte nahebringen. Bequeme, flache Schuhe sind empfehlenswert, wegen der vielen und teilweise steilen Treppen und des Kopfsteinpflasters. In den Zeitangaben sind Besuchszeiten von Kirchen und Museen nicht mit eingerechnet.

Spaziergang zum Marktplatz (Südroute, grün)

2,2 km lang mit ca. 40 Höhenmetern, Dauer etwa 80 Minuten.

Wenn Sie mit der Bahn anreisen, steigen Sie am Südbahnhof „Marburg Süd" aus (Achtung: Nicht alle Züge halten dort). Anschließend über die Fußgängerbrücke die Schnellstraße und die Bahnlinie überqueren und danach die rechte Treppe benutzen. Nach der Lahnbrücke die Gisselberger Straße überqueren, danach rechts halten und an der nächsten Straßenecke links in die Straße „Am Schwanhof" einbiegen. Dieser bis zur Ampelkreuzung folgen und weiter geradeaus

Der fünfeckige Friedrichsplatz ist ein zentraler und belebter Platz im Südviertel. Im Hintergrund das Hessische Staatsarchiv.

zum Friedrichsplatz im →*Südviertel* gehen.
Alternativ kann man mit dem PKW am Parkplatz Georg-Gaßmann-Stadion (Am Herrenfeld 18, 35037 Marburg) kostenfrei parken. Von hier aus sind es ca.15 Minuten bis zum Friedrichsplatz. Dazu der Leopold-Lucas-Straße stadteinwärts folgen und nach dem Gymnasium Philippinum rechts den Fußgängerweg nehmen. An der nächsten Straße links halten, die Kreuzung überqueren und weiter geradeaus bis zum Friedrichsplatz im Südviertel gehen.
Wir überqueren den Friedrichsplatz und folgen der Liebigstraße bis zur nächsten Kreuzung. Bevor wir links in die Haspelstraße einbiegen, können wir der Liebigstraße noch ein Stück

Der Friedhof am Barfüßertor wurde 1575 außerhalb der Stadtmauer angelegt.

Der Arnsburger Hof (links, Barfüßerstraße 3) aus dem 14. Jahrhundert gehörte zum ehemaligen Zisterzienserkloster Arnsburg bei Lich. Rechts der Dernbacher Hof aus dem 16. Jahrhundert.

für einen kurzen Abstecher zur Synagoge der jüdischen Gemeinde folgen (→*Jüdisches Leben*). Am Ende der Haspelstraße überqueren wir die Universitätsstraße und steigen über das Haspelgäßchen in die →*Oberstadt* hinauf. Nach der kleinen S-Kurve gehen wir rechts durch die Mauer zum Friedhof am Barfüßertor. Dieser wurde 1575 außerhalb der Stadtmauer vor dem Barfüßertor angelegt und diente zur Entlastung des Friedhofes auf dem Kirchhof der Lutherischen Pfarrkirche, da dieser nicht mehr ausreichte, um die vielen Toten der damals grassierenden Pest aufzunehmen. In den Jahren 1600 und 1611 erfolgten größere Erweiterungen. Nach der Eröffnung

des Hauptfriedhofs an der Ockershäuser Allee wurde der Friedhof am Barfüßertor 1865 geschlossen. Seit 2006 wird er wieder für Urnen-Baumbestattungen genutzt.
Weiter geht es zum ehemaligen Barfüßertor, benannt nach dem Franziskaner- oder Barfüßerkloster, das bis zur Reformation hier bestand. Dieses war früher Teil der westlichen Stadtmauer und ist heute als Sehenswürdigkeit durch eine markante Pflasterung als Grundriss auf dem Bürgersteig abgebildet. Hier beginnt die Bar-

Am Anfang der Barfüßerstraße gegenüber dem Bauamt.

Das Fachwerkhaus Barfüßerstraße 35 (rechts im Bild) wurde um 1600 erbaut. Vor über 200 Jahren wohnte hier zu Beginn seines Studiums Jacob Grimm unter dem Dach.

füßerstraße, die uns zum →*Marktplatz* führt.

Linker Hand stehen stattliche Bürgerhäuser aus dem 14. bis 17. Jahrhundert, wie z. B. der Arnsburger Hof (Hausnr. 3), der zum ehemaligen Zisterzienserkloster Arnsburg bei Lich gehörte. Rechts sieht man das Institut für Leibesübungen (IFL) der Universität, das 1732 als barocke Universitätsreithalle anstelle der Kirche des Barfüßerklosters errichtet wurde. An der Straßenecke beginnt die Fußgängerzone mit ihren zahlreichen Läden, Cafés und Kneipen.

Vom Bärenbrunnen aus hat man einen schönen Blick hinauf zum Landgrafenschloss.

Im Haus Barfüßerstraße 48 befand sich früher der Gasthof zum Bären, in dem 1529 Martin Luther übernachtete. Der Bärenbrunnen daneben ist einer der zahlreichen Trinkwasserbrunnen in der Stadt.

Das große gelbe Gebäude Nr. 11 auf der rechten Seite war ursprünglich der Gasthof „Weißes Roß". Es diente in der NS-Zeit als Landratsamt und beherbergt heute das Bauamt. Die Gedenktafel neben dem Eingang erinnert an die 78 Sinti und Roma aus Marburg und der Region, die hier 1943 bis zu ihrer Deportation nach Auschwitz interniert wurden. Der Straße folgend erreicht man das Fachwerkhaus Nr. 35. Hier wohnte 1802 der 17-jährige Jacob Grimm zu Beginn seines Studiums. Als sich ein Jahr später Jacobs jüngerer Bruder Wilhelm in Marburg immatrikulierte, lebten beide zusammen im Haus um die Ecke, in der Wendelgasse Nr. 4. Im Jahr 1946 wohnte im Haus Nr. 35 der NS-Kriegsverbrecher Klaus Barbie unter dem Decknamen Klaus Becker. Im Haus Nr. 48, dem ehemaligen „Gasthof zum Bären", wohnte Martin Luther 1529, als er von Landgraf Philipp (→*Personen*) zum →*Marburger Religionsgespräch* mit Huldrych (Ulrich) Zwingli nach Marburg gerufen wurde. Hier steht auch einer der Trinkwasserbrunnen, die man an vielen Orten in der Stadt finden kann. Nach einem kurzen Fußmarsch erreichen wir den historischen →*Marktplatz*.

Spaziergang zum Marktplatz (Nordroute, blau)

2,3 km lang mit ca. 50 Höhenmetern, Dauer etwa 90 Minuten.

Wenn Sie mit der Bahn anreisen, steigen Sie am Hauptbahnhof „Marburg (Lahn)" aus. An den beiden Seiten der Treppenaufgänge von Gleis 8 befinden sich Gedenkbänder, die an die vier Deportationstransporte erinnern, die zwischen 1941 und 1943 von hier Richtung Kassel stattfanden. Sie zeigen die Namen der deportierten 268 Juden und 78 Sinti und Roma aus Marburg und Umgebung. Wenn man von den Gleisen kommend die Eingangshalle des Bahnhofs betritt, findet man rechts die erste Station der Behring-Route, die über zwölf Stationen wichtige Stätten des Lebens und Wirkens von Emil von Behring vorstellt (→*Personen*), dem ersten Medizinnobelpreisträger und Gründer der →*Behringwer-*

Die Behring-Büste wurde 1940 eingeweiht.

ke in Marburg. Auf unserem weiteren Weg werden wir vier Stationen der Route kennenlernen.
Wir verlassen den Bahnhof, gehen auf dem linken Bürgersteig zur Brücke der Stadtautobahn, überqueren die Kreuzung und dann die Lahn auf der Elisabethbrücke und folgen der Bahnhofstraße bis zur nächsten Kreuzung.
Wenn Sie mit dem Auto anreisen, können Sie am Parkplatz Afföllerwiesen, Afföllerwiesen 7, 35039 Marburg parken (kostenpflichtig). Von hier aus geht es in ca. 10 Minuten über die Fußgängerbrücke über die Lahn und entlang der Rosenstraße bis zur Kreuzung mit der Bahnhofstraße.
Nach der Kreuzung treffen wir vor dem großen Gebäude des „Chemikums", eines Chemielabors der Universität Marburg für die interessierte Öffentlichkeit, auf die nächste Station der Behring-Route (Bahnhofstraße 7). Hier befindet sich die Emil-von-Behring-Ausstellung (→*Museen*).
Wir folgen der Bahnhofstraße weiter stadteinwärts bis zur Fußgängerampel und setzen den Weg auf der anderen Straßenseite bis zum Zebrastreifen fort. An dieser Stelle befindet sich auf der rechten Seite der Elisabethbrunnen, ein historischer Brunnen, an dem bereits Elisabeth von Thüringen (→*Personen*) vor 800 Jahren Wasser holte. Von hier aus sehen wir schon unser nächstes Ziel, die Elisabethkirche, eines der Wahrzeichen Marburgs. Ein Besuch der Kirche ist nur während der Öffnungszeiten möglich (→*Kirchen*).
Gegenüber dem Haupteingang auf der anderen Straßenseite liegt hinter der ersten Häuserreihe etwas versteckt auf einer Anhöhe die kleine St. Michaelskapelle (→*Kirchen*), auch „Michelchen" ge-

Der Elisabethbrunnen ist nach Elisabeth von Thüringen benannt, die hier in der Nähe vor 800 Jahren ein Hospital gegründet hat.

nannt. Sie stammt wie die Elisabethkirche aus dem 13. Jahrhundert.
Auf unserem Spaziergang zum Marktplatz überqueren wir die Elisabethstraße und gehen auf der rechten Straßenseite in die Ketzerbach. Am Haus Nr. 11 befindet sich eine weitere Infotafel der Behring-Route, da sich hier in den 1920er Jahren der kaufmännische Sitz der Behringwerke befand.
Im weiteren Verlauf der Straße kommen wir zu einer Steinskulptur, die an die Tradition des Töpferhandwerks in Marburg erinnert. An der nächsten Kreuzung biegen wir rechts in die Wilhelm-Roser-Straße ein. Nach ca. 100 m sehen wir auf der linken Straßenseite die Behring-Villa, das ehemalige Wohnhaus Emil von Behrings und seiner Familie. Vor dem Gebäude, das heute zur Universität gehört, befindet sich die nächste Station der Behring-Route, die über das Privatleben Behrings informiert. Wir kehren zurück zur Ketzerbach, überqueren die Straße und gehen auf der gegenüberliegenden Straßenseite der Ketzerbach zurück bis zur Kreuzung an der Elisabethkirche.
Hier überqueren wir die Straße Pilgrimstein und kommen zur Behring-Büste. Dem Pilgrimstein folgend finden wir angrenzend die Ruine der Kapelle des Elisabethhospitals. Es wurde nach Elisabeths Tod ab 1254 vom →*Deutschen Orden* betrieben und war nach dessen Auflösung 1809 die erste Klinik der Universität (→*Gesund-*

Nach seiner Heirat kaufte Emil Behring 1898 die großzügige Villa, die der Chirurg Wilhelm Roser 15 Jahre zuvor bauen ließ.

Blick in die Ketzerbach in Richtung Elisabethkirche. Der ursprüngliche Bachlauf wurde 1859 überwölbt und verläuft seitdem unterirdisch. Zur Wiederherstellung des historischen Straßenbildes wurde die Straße vor einigen Jahren wieder als Allee bepflanzt.

heitsfürsorge). In dem angrenzenden großen Universitätsgebäude, dem ehemaligen Hygiene-Institut, wirkte Behring ab 1895 als Professor und Direktor. Wenige Meter weiter sehen wir auf der linken Seite den Gebäudekomplex der neuen Universitätsbibliothek, die 2018 in Betrieb genommen wurde. Wer einen barrierefreien Weg in die →*Oberstadt* sucht, kann dem Pilgrimstein weiter folgen bis zum Oberstadtaufzug am Parkhaus Pilgrimstein. Von der Universitätsbibliothek gehen wir wieder ein kurzes Stück zurück und biegen links in den Steinweg ein. Die beiden Pferdeskulpturen neben dem Mönchsbrunnen wurden 2004 aufgestellt und sollen an die von Emil von Behring zur Serumgewinnung genutzten Pferde erinnern. Wir folgen dem Steinweg weiter hinauf, an einem Märchenmotiv vorbei in die →*Oberstadt*. Am höchsten Punkt, der sogenannten Wasserscheide, steht ein Brunnenhaus mit einem weiteren Märchenmotiv. Hier endet auch der Oberstadtaufzug vom Parkhaus Pilgrimstein. Wir folgen der Straße abwärts (ab hier Wettergasse, früher Werdergasse, weil sie zum Dorf Wehrda

Ruine der Kapelle des 2. Elisabethhospitals, das nach Elisabeths Tod vom Deutschen Orden gebaut wurde. Nach dem Abriss des Gebäudes 1886 ließ man den Chor der Kapelle als Ruine stehen.

Das historistische Fachwerkhaus von 1896 steht an der Ecke von Wettergasse und Schloßsteig.

führte) und gehen an der nächsten Kreuzung rechts die Treppen des Schloßsteigs hinauf. Hierbei handelt es sich um die ehemalige Judengasse, die in der NS-Zeit in Schloßsteig umbenannt wurde. Kurz danach erreichen wir den Platz mit der mittelalterlichen Synagoge (→*Jüdisches Leben*), deren ehemaliger Standort heute mit einem Glaskubus überbaut ist. Wir wenden uns nach links und errei-

Am historischen Brunnenhaus an der Wasserscheide befinden sich ein Trinkwasserbrunnen und ein Märchenmotiv des Grimm-dich-Pfades.

Der untere Steinweg mit der Elisabethkirche im Hintergrund.

chen den oberen Markt mit seinen schönen alten Fachwerkhäusern. Vorbei am „Steinernen Haus" mit seinem gotischen Treppengiebel, das heute das Standesamt beherbergt, gehen wir bergab zum historischen →*Marktplatz*.

Das Campusviertel mit der neuen Universitätsbibliothek und der Elisabethkirche vor der Kirchspitze (324 m) im Winter.

Vom Markt zum Schloss (orange)

1 km und ca. 60 Höhenmeter, Dauer etwa 40 Minuten.

Am Marktbrunnen vorbei geht es bergauf in die Nikolaistraße. Hier sehen wir an der linken Hauswand des Restaurants das älteste politische Graffito Marburgs. Anlässlich der Reichspräsidentenwahl von 1932 hat hier vermutlich ein Anhänger der KPD den Spruch „Wählt Thälmann" an die Wand gemalt. Die Straße führt uns am

Dieses Graffito an einer Hauswand in der Nikolaistraße war 1932 Wahlwerbung für Ernst Thälmann und hat kurioserweise überlebt.

Das „Hochzeitshaus" in der Nikolaistraße 3 ist knapp 500 Jahre alt. Der reiche Bürger Hermann zum Schwan ließ es 1530 als Wohnhaus errichten. Sein Schwanhof, ein großer Wirtschaftshof vor den Toren der Stadt, steht noch heute in der Schwanallee im Südviertel.

sogenannten „Hochzeitshaus" vorbei, einem hohen Wohnhaus aus Stein. Die Bezeichnung „Hochzeitshaus" entstand erst im 20. Jahrhundert und ist irreführend, weil es nicht zum Feiern

genutzt wurde. Größere Hochzeiten fanden früher im Rathaus statt. Kurz bevor wir die im gotischen Baustil errichtete Lutherische Pfarrkirche St. Marien (→*Kirchen*) erreichen, steht rechter Hand der Kerner. Dabei handelt es sich um das ehemalige Gebeinhaus (Karner) des Friedhofs der Kirche. Vom Lutherischen Kirchhof kann man die schöne Aus-

Der Kerner, das große steinerne Haus in der Ritterstraße 7, ist 700 Jahre alt. Nach dem Stadtbrand 1319 wurde es vom Deutschen Orden mit einer Aussegnungshalle im Erdgeschoss und einem Gebeinhaus im Keller errichtet. Von 1335 bis 1456 wurde der erste Stock als Rathaus genutzt.

Blick durch das Kalbstor in die Ritterstraße mit dem Turm der Lutherischen Pfarrkirche im Hintergrund. Das Kalbstor ist ein Teil der westlichen mittelalterlichen Stadtmauer und wurde um 1235 gebaut.

Was wie ein privater Vorgarten oberhalb der Kugelkirche aussieht, ist ein öffentlicher Fußweg, der von den Anwohnern liebevoll bepflanzt und gepflegt wird.

sicht auf die darunter liegenden Häuser am „Rübenstein“, das Südviertel und das Lahntal Richtung Süden genießen. Er wird deshalb zu Recht der „Balkon von Marburg“ genannt. Empfehlenswert ist auch ein Besuch in der gotischen Pfarrkirche mit ihrem beeindruckenden großen Taufbecken aus der romanischen Vorgängerkirche. Weiter geht es leicht bergab durch die Kugelgasse zur katholischen Kugelkirche (St. Johannes Evangelist →*Kirchen*). Bevor wir dort ankommen, gehen wir rechts auf dem schmalen Weg

Hof der Adelsfamilie „Huhn von Ellershausen“ in der Ritterstraße 14.

durch die von den Bewohnern liebevoll gepflegten Straßengärten. Links neben der Kirche befindet sich das Kugelhaus, ein ehemaliges Klostergebäude der „Brüder vom gemeinsamen Leben". Diese wurden wegen der Form ihrer Kopfbedeckung auch Kugelherren genannt. 1527, wenige Jahre nach ihrer Fertigstellung, wurde

Der Ritterbrunnen in der Ritterstraße wurde 2013 auf Anregung des Kinder- und Jugendparlaments (KiJuPa) Marburg aufgestellt.
Rechts: Ritterbrunnen mit Guckloch zur Turmuhr am Schloss.

die Kirche samt Kloster der neu gegründeten Universität übereignet. Nach einem Besuch in der Kugelkirche gehen wir aufwärts zum Kalbstor, dem letzten noch erhaltenen mittelalterlichen Stadttor (→*Stadtmauer*). Am Kalbstor folgen wir rechts der Ritterstraße aufwärts, die schiefe Turmspitze der Pfarrkirche St. Marien (→*Kirchen*) vor Augen. Hier – unterhalb seiner Burg – siedelte Landgraf Philipp im Mittelalter niederadelige Ritter aus der Umgebung an, die in seinem Dienst standen.

Interaktives Märchenmotiv in der Landgraf-Philipp-Straße zu der Frage „Wer ist die/der Schönste im ganzen Land?“.

An der Treppe zur Pfarrkirche steht der Ritterbrunnen, eine moderne Sandsteinfigur, die Trinkwasser spendet. Als Attraktion findet man in der Mitte der Figur eine Aussparung, durch die man einen gezielten Blick auf die Schlossuhr werfen kann.

Ab hier führt die Ritterstraße leicht abwärts Richtung Marktplatz. Bei der nächsten Möglichkeit biegen wir links in die Landgraf-Philipp-Straße ein und gehen weiter zum ehemaligen Kanzleigebäude, das heute zur Universität gehört und die religionskundliche Sammlung (→*Museen*) beherbergt. Hinter dem Hoftor halten wir uns links, Richtung Schloss, vorbei an zwei weiteren Märchenmotiven. Vor dem Durchgang zum Restaurant „Bückingsgarten“ führt die Ludwig-Bickell-Treppe wieder hinunter zum Ritterbrunnen und zur Ritterstraße. Durch das spätgotische Südtor erreichen wir den Vorplatz des →*Landgrafenschlosses*.

Bei dem auffälligen Gebäude auf der linken Seite handelte es sich ursprünglich um den Marstall, den landgräflichen Pferdestall mit dem angrenzenden Zeughaus. Seit 1529 beherbergt es das Collegium Philippinum der Hessischen Stipendiatenanstalt; das älteste selbstverwaltete Studentenwohnheim und die wohl größte Wohngemeinschaft im Herzen von Marburg. Von der gegenüberliegenden Aussichtsterrasse hat man einen herrlichen Blick auf die Stadt. Von hier aus gehen wir an dem kleinen Holzpavillon einer begehbaren Camera Obscura vorbei (bei Führungen wird ein farbiges Abbild der Umgebung nach dem Prinzip der Lochkamera gezeigt) weiter zum Schloss hinauf. Der Eingang zum Schloss und seinem Museum

Renaissanceportal von 1573 am ehemaligen Marstall, wo sich heute die größte Wohngemeinschaft Marburgs befindet.

für Kulturgeschichte (→*Museen*) befindet sich am höchsten Punkt des Schlossbergs. Durch den unteren Durchgang erreichen wir die Nordterrasse des Schlosses und blicken auf die Nordstadt mit der Elisabethkirche (→*Kirchen*) und dem Bahnhof. Wir können das Schloss vollständig umrunden und kommen so auf den Schlossvorplatz zurück. Von dort aus geht es über die bereits erwähnte Ludwig-Bickell-Treppe zurück zum Marktplatz. Damit enden unsere Stadtspaziergänge. Unter den alphabetisch geordneten Stichworten finden Sie viele weitere Orte in Marburg, deren Besuch sich lohnt.

Die Elisabethkirche und das Nordviertel der Stadt mit dem Bahnhof (am rechten Bildrand) von der Nordterrasse des Schlosses aus gesehen.

„Affenfelsen"

Das 14-stöckige Hochhaus am Rande des Südviertels wurde Anfang der siebziger Jahre erbaut und ist mit 51 m Höhe weithin sichtbar. An dieser Stelle stand von 1783 bis 1970 das historische Wirtshaus an der Lahn („Gasthaus zum Schützenpfuhl").

Der Hochhauskomplex wurde von dem Architekten Hans-Werner Schreyer im Stil des „Brutalismus" entworfen und erhielt von den Marburger Bürgern den Spottnamen „Affenfelsen" aufgrund des stufigen Aufbaus.

Das im Volksmund „Affenfelsen" genannte Hochhaus überragt alle umgebenden Häuser des Südviertels.

*Links:
Der Aufzug in die Oberstadt am Parkhaus Oberstadt bietet eine kleine Zeitreise durch die Stadtgeschichte: von Elisabeth von Thüringen über Landgraf Philipp bis zu den Brüdern Grimm und Emil von Behring.*

*Rechts:
Eingangsportal zum Oberstadtaufzug am Pilgrimstein.*

Aufzüge

Marburg gehört zu den wenigen deutschen Gemeinden, in denen Aufzüge Bestandteil des öffentlichen Nahverkehrs sind. Sie bieten nicht nur älteren und in der Beweglichkeit eingeschränkten Menschen die Möglichkeit eines barrierefreien Zuganges zur Oberstadt. Besonders zu erwähnen sind der 1998 eingerichtete Oberstadtaufzug, der den Rudolphsplatz mit der Reitgasse verbindet, der Oberstadtaufzug am Pilgrimstein vom Parkhaus zur Wettergasse sowie der Aufzug am Ortenbergsteg zwischen Hauptbahnhof und Ortenbergplatz.

B

Bahnhof (Hauptbahnhof)

1850 wurde die Eisenbahnlinie Kassel–Marburg gebaut. 1852 war die „Main-Weser-Bahn" durch den Anschluss nach Frankfurt komplett fertiggestellt. Der Haltepunkt in Marburg wurde nach langer Diskussion außerhalb des damaligen Stadtgebietes auf der linken Seite der Lahn angelegt. Dort fand damals auf halber Strecke ein Lokwechsel statt. Daher gab es in Marburg einen großen Lokschuppen, eine Drehscheibe und umfangreiche Betriebsgebäude. Erst 1989 wurde das

Der Hauptbahnhof mit dem neugestalteten Bahnhofsvorplatz.

Bahnbetriebswerk geschlossen. Auf dem Gelände befindet sich seit 1996 das Kulturzentrum Waggonhalle (→*Theater und Kulturzentren*).

Im Jahr 1897 wurde zusätzlich der Südbahnhof eröffnet. Gleichzeitig wurde der bisherige Bahnhof in Hauptbahnhof umbenannt. Das ursprüngliche Empfangsgebäude wurde 1907 durch ein größeres Haus ersetzt. Entworfen wurde es von dem Architekten Alois Holtmeyer im „neobarocken" Stil.

Zwischen 1941 und 1943 wurden von hier aus 268 Juden und 78 Sinti und Roma aus Marburg und seinem Umland in die Vernichtungslager der Nationalsozialisten deportiert. Ihre Namen finden sich auf vier Gedenkbändern an den beiden Treppenaufgängen von Gleis 8, an dem die vier Deportationstransporte abfuhren.

1944/45 wurde der Hauptbahnhof schwer beschädigt und nach dem Zweiten Weltkrieg wiederaufgebaut. Zwischen 2009 und 2015 erfolgte eine ca. 11 Millionen Euro teure grundlegende Sanierung. In der Folge wurde der Marburger Hauptbahnhof im Jahr 2015 von der „Allianz pro Schiene" zum Bahnhof des Jahres gewählt.

Behringwerke Marburg

Der Immunologe und Serologe Emil von Behring (→*Personen*) und der Marburger Apotheker Carl Siebert gründeten 1904 das „Behring-Werk Marburg". Damit endete die seit 1894 laufende Kooperation Behrings mit den Farbwerken Höchst in Frankfurt zur Produktion der von ihm entwickelten Impfseren. Das Werk in Marburg beschäftigte anfangs zwölf Mitarbeiter. 1911 kaufte Behring weitere Ländereien nördlich von Marburg, die er

Zentrales Gebäude der Behringwerke in der Emil-von-Behring-Straße.

nach seiner Frau Elsenhöhe nannte. 1913 erwarb er das Gelände der Ziegelei im Marbacher Hinkelbachtal, auf dem später das Hauptwerk entstehen sollte. Zur Erhöhung des Kapitals für die geplante Erweiterung der Produktion von Diphtherieseren wurden im Juni 1914 die „Behring Werke Bremen und Marburg" gegründet. Die kaufmännische Leitung lag in Bremen, während die Produktion in Marburg erfolgte. In der Zeit des Ersten Weltkrieges wurden hier, neben Impfstoffen gegen Typhus und Cholera, auch große Mengen an Seren gegen Tetanus, Dysenterie („Ruhr") und Gasbrand produziert. Nach Behrings Tod 1917 übernahm Siebert auch die wissenschaftliche Leitung der Behringwerke.

1929 kam es zur Übernahme der Behringwerke durch die IG Farbenindustrie AG in Frankfurt. Während des Zweiten Weltkrieges mussten viele Kriegsgefangene und Zwangsarbeiter*Innen bei den Behringwerken wie auch in zahlreichen anderen Betrieben der Stadt arbeiten. 1942/43 beteiligten sich die Behringwerke an Experimenten mit Impfstoffen gegen Fleckfieber an Häftlingen im KZ Buchenwald. Diese Fleckfieberversuche forderten über hundert Todesopfer. Nach der Auflösung der IG

Luftbild von 2013 des Industrieparks Behringwerke im Hinkelbachtal in der oberen Marbach.

Farben durch die Alliierten übernahm die Farbwerke Höchst AG 1952 die Behringwerke zu 100 % als Aktiengesellschaft.
1967 kam es in den Laboren der Behringwerke Marburg zum Ausbruch eines bis dahin unbekannten Virus. Mitarbeiter hatten sich bei den zur Impfstoffproduktion verwendeten Meerkatzen infiziert. Mehrere der Infizierten starben innerhalb von wenigen Tagen. Heute ist dieses Virus als Marburg-Virus und die aus einer Infektion resultierende Erkrankung als Marburg-Fieber bekannt. Im Zuge des Umbaus der Hoechst AG wurden die Behringwerke 1996/97 in verschiedene Einzelfirmen aufgeteilt und verkauft oder fusioniert. Heute ist in den ehemaligen Behring-Werksteilen in der Marbach und in Görzhausen ein großer Industriepark u. a. für Unternehmen der pharmazeutischen Industrie und verschiedener Biotechnologien mit mehr als 6000 Mitarbeitern angesiedelt. Seit 2020 nutzt auch die Firma BioNTech zusammen mit dem US-Konzern Pfizer die Infrastruktur des Standortes zur Produktion eines Impfstoffs gegen den COVID-19-Erreger SARS-CoV-2.

Luftbild von 2013 des Industrieparks Görzhausen der Behringwerke. Auf dem Gelände befand sich schon im Mittelalter ein Gutshof des Deutschen Ordens.

Blindenstudienanstalt

Marburg wird auch als „Blindenhauptstadt“ Deutschlands bezeichnet. Das liegt an der Deutschen Blindenstudienanstalt (blista), die seit über 100 Jahren in Marburg ansässig ist und gymnasiale Bildung für Blinde und Sehbehinderte ermöglicht. Während des Ersten Weltkrieges war Alfred Bielschowsky (1871–1940) als Leiter der Universitäts-Augenklinik in Marburg mit vielen Soldaten konfrontiert, die durch Granatsplitter, Explosionen und Giftgas erblindet waren. Um ihnen wieder eine

Die Zugangstreppe zur Blindenstudienanstalt (blista) und der Carl-Strehl-Schule.

Das Tastmodell eines Buches zum Märchen Sterntaler in Normalschrift und Punktschrift (Brailleschrift) am Kornmarkt ist Teil des Grimm-dich-Pfades.

Lebens- und Berufsperspektive zu eröffnen, richtete er Kurse für Kriegsblinde ein und engagierte den blinden Studenten Carl Strehl (1886–1971), der diese u. a. auch in der sogenannten Brailleschrift (Blindenschrift aus tastbaren Punkten) unterrichtete. 1916 gründeten die beiden die „Hochschulbücherei, Studienanstalt und Beratungsstelle für blinde Akademiker e.V.“, aus der die Deutsche Blindenstudienanstalt hervorging.

Heute ist die Carl-Strehl-Schule ein Gymnasium für blinde und sehbehinderte Schüler*Innen. Die Schule beginnt mit der 5. Schulklasse und hat

Tastmodell der Elisabethkirche und der ehemaligen Deutschordensgebäude.

als Abschluss eine Berufsausbildung, das Fachabitur oder die allgemeine Hochschulreife zum Ziel. Die Schüler kommen aus dem gesamten deutschsprachigen Raum und leben in Marburg in einem dezentral organisierten Internat, das aus vielen Wohngruppen besteht, die über die gesamte Innenstadt verteilt sind.

Die Stadt Marburg hat sich auf die vielen Menschen mit unterschiedlichen Sehbehinderungen eingestellt und ist bundesweit zu einem Vorbild für barrierefreies Bauen geworden. Alle Ampeln und Bushaltestellen in der Innenstadt sind mit akustischen und taktilen Signalen ausgerüstet. In öffentlichen Gebäuden und an verkehrsreichen Plätzen ist im Boden eine tastbare Linienführung eingelassen. An zentralen Orten wie Marktplatz, Schloss und Elisabethkirche gibt es maßstabgetreue Tastmodelle von Sehenswürdigkeiten, die zusätzlich auch mit Informationen in Brailleschrift ausgestattet sind. Unter dem Motto „Berühren erwünscht" sind auch Menschen ohne Sehbehinderung eingeladen, die dreidimensionalen Modelle mit den Fingern zu ertasten. 1995 wurde in Marburg der weltweit erste →*Planetenlehrpfad* eröffnet, der auch für Blinde nutzbar ist.

Beim Tastmodell des historischen Marktplatzes und seiner Häuser entspricht 1 cm 1,25 m in der Wirklichkeit.

Botanischer Garten

Schon zu der Zeit der Gründung der Universität in Marburg 1527 gab es einen privaten botanischen Garten des Mediziners Euricius Cordus (1486–1535) am Glaskopf unterhalb des Richtsbergs. 1764 kam Professor Conrad Moench (1744–1805) aus Kassel nach Marburg und brachte seine Gewächshäuser mit. Eingerichtet wurde der erste offizielle botanische Garten der Universität am Weinberg westlich

Die Heilpflanzenbeete befinden sich vor dem ehemaligen Botanisch-Pharmakognostischen Institut von 1877 (Schäferbau) und der neuen Universitätsbibliothek.

Der Fisch auf dem Teich im Alten Botanischen Garten ist auch ein Märchenmotiv des Grimm-dich-Pfades.

der Elisabethkirche (→*Kirchen*) im Jahr 1786. Nach der Auflösung des →*Deutschen Ordens* wechselte er seinen Standort in den ehemaligen „Lustgarten" des Ordens südlich der Elisabethkirche.

Von 1812 bis 1814 wurde dort der botanische Garten dann unter der Leitung von Georg Wenderoth (1774–

1861) neugestaltet. Die Konzeption kombinierte einen nach englischem Stil gestalteten Landschaftsgarten mit einer für die universitäre Lehre zusammengestellten Sammlung von Pflanzenarten. 1977 wurde der systematische Teil des Gartens in ein neu geschaffenes, mehr als 20 ha großes Gelände als „Neuer Botanischer Garten“ auf die Lahnberge verlagert. Das Gelände am Pilgrimstein blieb als „Alter Botanischer Garten“ der Universität auf Dauer erhalten und ist heute ein gern genutzter öffentlicher Park inmitten der Stadt.

Der Alte Botanische Garten ist eine grüne Oase mitten in der Stadt und als Kulturdenkmal ausgewiesen.

Deutscher Orden

Im Jahr 1190 wurde der Deutsche Orden zunächst als Spitalbruderschaft gegründet. 1199 folgte die Umwandlung in einen Ritterorden. Neben den Johannitern und Templern war er einer der drei großen geistlichen Ritterorden in der Zeit der Kreuzzüge. Im Jahr 1234 wurde dem Orden die Verwaltung des von der heiligen Elisabeth von Thüringen (→*Personen*) in Marburg gegründeten Hospitals und die

Das ehemalige Deutschordenshaus neben der Elisabethkirche beherbergt heute den Fachbereich Geographie der Universität.

Das Deutschordenshaus war das ursprüngliche Wohnhaus des Deutschen Ordens und stammt aus derselben Zeit wie die Elisabethkirche (13. Jahrhundert). Von 1823 bis 1866 befand sich hier die Marburger Accouchieranstalt (Entbindungsanstalt) der Universität.

Pflege ihres Grabes übertragen. Das sogenannte Deutsche Haus nahe der Elisabethkirche (→*Kirchen*) wurde das Zentrum der weiteren Entwicklung des Ordens in der Stadt.

Im Jahr 1809 wurde der Deutsche Orden in Marburg aufgelöst. Ab 1823 wurde das Deutsche Haus von der Universität genutzt. Im Kornhaus des Deutschen Ordens aus dem Jahr 1515 befindet sich heute das Mineralogische Museum (→*Museen*) der Universität.

Frauenberg

Auf den Lahnbergen südlich von Marburg ist der Frauenberg mit 379 m Höhe ein beliebter Aussichtspunkt. Auf dem Gipfel befindet sich die Ruine einer 1252 von Sophie von Brabant (→*Personen*) errichteten Burg.
Der Frauenberg war ein wichtiger Teil der von 1822 bis 1837 stattfindenden Neuvermessung Kurhessens, die von dem Marburger Mathematik-Professor Christian Ludwig Gerling (1788–1864) geleitet wurde. Gerling verwendete die von Carl Friedrich Gauß (1777–1855) im Königreich Hannover angewendete Methode der Dreiecksberechnung (Triangulation). Heute befindet sich auf dem Plateau des Frauenbergs noch der Steinpfeiler, den Gerling als Messpunkt verwendete.

Auf der Burgruine Frauenberg befindet sich heute eine Aussichtsplattform.

Gesundheitsfürsorge

Durch die fast 800 Jahre von der Gründung des ersten Elisabethhospitals bis zur Fertigstellung des letzten Bauabschnittes von Deutschlands größtem

Das ehemalige Elisabethhospital am Pilgrimstein kurz vor dem Abriss um 1886. Im Hintergrund die Elisabethkirche.

privaten Universitätsklinikum (Universitätsklinikum Gießen und Marburg – UKGM) zieht sich die Fürsorge für kranke Menschen und die Erforschung von Möglichkeiten zur Vermeidung oder Linderung von Krankheiten wie ein roter Faden durch die Geschichte der Stadt. Es begann mit der Gründung des Hospitals vor den Toren der noch kleinen Stadt durch Elisabeth von Thüringen (→*Personen*) im Jahr 1228. Nach ihrem Tod wurde es um 1244 abgebrochen, um den Bau einer größeren Wallfahrtskirche, der Elisabethkirche (→*Kirchen*), zu vollenden. Das neue Elisabethhospital entstand südlich der Kirche und wurde vom →*Deutschen Orden* von 1254 bis 1809 betrieben. Ab 1811 wurde es als Klinik für Innere Medizin und Chirurgie von der Universität weiter genutzt. Im Jahr 1886 wurde das Gebäude zugunsten des neu erbauten Physiologischen Instituts abgerissen. Bis heute erhalten blieb die Ruine der Hospitalkapelle (Franziskuskapelle) am Pilgrimstein.

Nach der Annexion von Kurhessen mit Marburg durch Preußen 1866 wurde in der Marburger Nordstadt mit dem Bau des Klinikviertels begonnen. Dazu gehörten auch die Kinderklinik in der Deutschhausstraße und die Frauenklinik am heutigen Standort der neuen Universitätsbibliothek. Nach dem Zweiten Weltkrieg reichten die Standorte in der Stadt nicht mehr aus, um die steigenden Studierendenzahlen bewältigen zu können. Daher begann im Jahr 1973 der Bau des neuen Universi-

Das Universitätsklinikum Marburg auf den Lahnbergen.

tätsklinikums auf den Lahnbergen. In mehreren Bauabschnitten entstand dann bis 2011 ein moderner Klinikneubau. Schon 2005 war die Klinik mit der Klinik der Universität Gießen zusammengelegt worden und 2006 entstand die erste deutsche Universitätsklinik (UKGM) in privater Trägerschaft. Als Lehrkrankenhaus der Universitätsklinik gehört auch das Diakoniekrankenhaus im Stadtteil Wehrda mit 200 Betten zu dem umfangreichen Komplex der medizinischen Forschung und der Krankenfürsorge, der in Marburg letztlich durch das Wirken der Elisabeth von Thüringen begründet wurde.

Hexenturm

Der Hexenturm nordwestlich des Landgrafenschlosses ist über 500 Jahre alt. Ursprünglich zur Verteidigung des Schlossberges erbaut, wurde der Hexenturm 300 Jahre als Gefängnis genutzt.

Der Weiße Turm oder Hexenturm wurde 1478 als vorgeschobene Geschützstellung, die den nordwestlichen Bereich des Schlossberges schützen sollte (→*Kasematten*), erbaut. Er ist mit seinen 4 m dicken Mauern äußerst massiv gebaut, verlor aber durch die Entwicklung der Waffentechnik schnell an Bedeutung. Die unteren beiden Stockwerke wurden zugeschüttet und der Turm wurde von 1565 bis 1866 als Gefängnis genutzt. Heute kann der Hexenturm mit seinen vier Zellen im Rahmen von Führungen besichtigt werden.

Zwischen 1513 und 1712 wurden in Marburg ca. 120 Hexenprozesse geführt. In den allermeisten Fällen waren es Frauen, die wegen angeblicher Hexerei angeklagt, im sogenannten Hexenturm inhaftiert und oft auch „peinlich befragt“, also gefoltert wurden. Mindestens 22 Frauen und zwei Männer ließen dabei ihr Leben. Die meisten von ihnen wurden zwischen 1517 und 1695 öffentlich hingerichtet oder starben während der Haft. Zum Gedenken an diese unschuldigen Menschen wurde im Jahr 2021 auf dem Kirchhof der Pfarrkirche, in Sichtweite des Hinrichtungsortes am Rabenstein, ein Denkmal errichtet. Außerdem hat die Stadt mit der „Marburger Hexenroute“ einen Themenweg mit Audioguide eingerichtet.

Das Gedenksymbol von 2021 für die Opfer der Hexenverfolgung in Marburg befindet sich auf dem Kirchhof der lutherischen Pfarrkirche. Es enthält die Namen der 24 Menschen, die entweder hingerichtet wurden oder während der Haft starben.

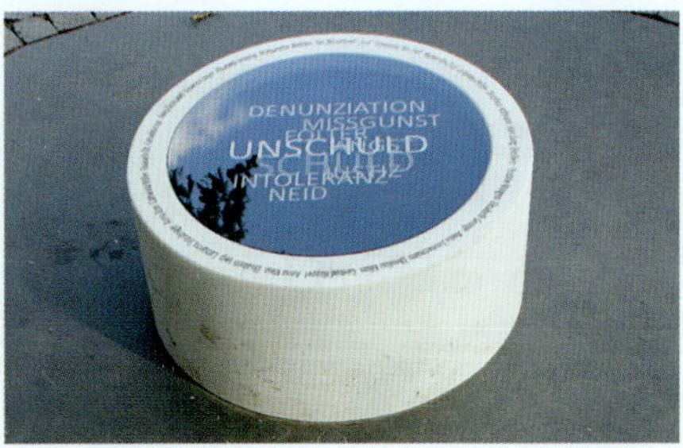

Tastmodell der ehemaligen Synagoge (1897–1938) in der Universitätsstraße.

Jüdisches Leben

Jüdisches Leben ist in Marburg spätestens seit dem 13. Jahrhundert nachweisbar. Die mittelalterliche Synagoge stammt aus dieser Zeit und stand am oberen Markt an der Ecke zur Judengasse, die von den Nationalsozialisten 1933 in Schloßsteig umbenannt wurde. Das Gebäude mit einem Grundriss von 7 x 10 m wurde wie fast die gesamte Stadt beim großen Stadtbrand von 1319 zerstört und bald danach wieder als sieben Meter hoher gewölbter Betsaal aufgebaut. Ob nach den 1348/49

fast überall stattgefundenen Pogromen in Marburg wieder eine jüdische Gemeinde entstehen konnte, ist ungeklärt. 1452 wurde das als „Judenschule" bezeichnete Gebäude abgerissen und später überbaut. In der Vorbereitung zum Bau einer Trafostation in diesem Bereich wurde 1993 nach Spuren der in alten Stadtkarten verzeichneten Synagoge gesucht. Im Verlauf von zwei Jahren wurden der Unterbau und Reste des Gebäudes freigelegt und mit einem offenen Glaskubus überbaut. Er zeigt fast die ursprüngliche Gebäudehöhe und erlaubt einen Blick auf das freigelegte Erdgeschoss der alten Synagoge.
Vom 17. Jahrhundert bis zur Gleichstellung von Juden im Jahr 1869 durch die Gesetze des norddeutschen Bundes

Der „Garten des Gedenkens" vor der mittelalterlichen Stadtmauer der Oberstadt. Die weißen Betonsockel markieren den Grundriss der 1938 zerstörten Synagoge. Das Tastmodell davon ist rechts unten im Bild.

lebten nur wenige jüdische Familien dauerhaft in Marburg. Mit dem Aufschwung der Universität wuchs auch die jüdische Gemeinde. 1905 lebten über 500 Menschen jüdischen Glaubens in der Stadt. Im Jahr 1897 wurde in der Universitätsstraße die Neue Synagoge eingeweiht. Es handelte sich um einen großen Bau mit einer Kuppel in romanisch-byzantinischem Stil. Diese Synagoge wurde in der Pogromnacht vom 9. auf den 10. November 1938 durch die Nationalsozialisten zerstört. Die Baulücke ist bis heute erhalten geblieben. 1963 wurde dort ein Gedenkstein aufgestellt und 2012 wurde der Platz als Gedenkort gestaltet. Der „Garten des Gedenkens" ist mit roten Rosen bepflanzt und lädt zu einem Besuch und zum Verweilen ein. Die Rasenfläche über dem Fundament der früheren Synagoge enthält verschiedene Schaukästen, die sich mit Texten zum Thema Antisemitismus auseinandersetzen. Hervorzuheben ist ein größerer Schaukasten, der den Blick auf die Mikwe (rituelles Bad) der Synagoge freilegt. Seit 2003 nutzt die Jüdische Gemeinde das ehemalige AOK-Gebäude in der Liebigstraße 21a als Synagoge und Kulturzentrum.

An der Stelle der mittelalterlichen Synagoge am oberen Markt steht heute ein Glaskubus, der einen Blick auf das freigelegte Erdgeschoss des Bethauses ermöglicht.

Der mit roten Rosen bepflanzte „Garten des Gedenkens" lädt zum Verweilen ein.

Kasematten

Nach den Angriffen während des Dreißigjährigen Krieges (1618–1648) wurde ab dem Jahre 1700 im Bereich nordwestlich des →*Landgrafenschlosses* eine umfangreiche Verteidigungsanlage mit Bastionen, Schanzen, Türmen und durch starkes Mauerwerk geschützten Räumen mit Geschützständen angelegt. Im Siebenjährigen Krieg (1756–1763) wurde das Schloss mehrfach angegriffen und besetzt. Da es sich zeigte, wie schwierig eine Verteidigung des Schlossberges war, wurden zwischen 1770 und 1786 viele der Grä-

Die Hexenturmkasematte wurde 1807 von französischen Truppen gesprengt und inzwischen teilweise wiederhergestellt.

Die Nordgrabenkasematte wurde zusammen mit der Hexenturmkasematte um 1700 errichtet, aber nicht gesprengt. Beide sind unterirdisch verbunden und heute bei Stadtführungen begehbar.

ben und Schanzen beseitigt. Während der erneuten Besetzung durch französische Truppen (1806 bis 1813) wurden die Reste der Befestigungsanlagen zwischen 1806 und 1807 zerstört. Nur zwei der Kasematten blieben unversehrt. Durch sie liefen die Wasserleitungen zum Schloss. Seit den 1980er Jahren wurden einige der Kasematten wieder freigelegt und sind inzwischen bei Stadtführungen zugänglich.

Besonders eindrucksvoll ist der im Jahr 1478 erbaute Weiße Turm oder →*Hexenturm*, der als vorgeschobene Geschützstellung den nordwestlichen Bereich des Schlossberges schützen sollte.

Kino

Das Capitol Filmkunsttheater befindet sich gegenüber dem Cineplex in der Biegenstraße.

Die Präsentation bewegter Bilder hat in Marburg eine lange Tradition. Schon 1869 wurde in der Stadt ein „Kinematograph" präsentiert. Das erste Kino wurde als „Central Theater" 1908 in der Barfüßerstraße gegründet. Das zu dieser Zeit verwendete Filmmaterial aus Zelluloid war extrem feuergefährlich und führte 1911 zu einem Brand.

Im Jahr 1913 begann dann die eigentliche Kinogeschichte der Stadt mit den „Lichtspielen Marburg" in der Bahnhofstraße. Seit dieser Zeit ist die Entwicklung der Kinos mit der Familie Closmann verbunden, die in vierter Generation an den meisten der betriebenen Kinos beteiligt war.

Zeitweise gab es in Marburg sechs Kinos. Damit wies Marburg in Deutschland die höchste Zahl an Kinos im Vergleich zur Einwohnerzahl auf.
Seit 2001 wird von der Universität Marburg, der Stadt, den Marburger Kinobetrieben und dem Berufsverband Kinematographie der „Marburger Kamerapreis" verliehen und dokumentiert die Verbundenheit mit der Stadt.

Aktuell gibt es mit dem „Capitol" und dem „Cineplex" zwei Kinos mit mehreren Sälen in der Biegenstraße. Dazu gibt es seit 1992 in den Sommermonaten auf der Schlossparkbühne im Park des Landgrafenschlosses ein Open-Air-Kino.

Das Cineplex befindet sich in einem modernen Gebäude direkt neben den Ausstellungsräumen des Marburger Kunstvereins.

Kirchen

Die Elisabethkirche mit ihren beiden markanten Westtürmen ist ein Wahrzeichen Marburgs.

Das Hauptportal der Elisabethkirche zeigt Maria mit Jesus als Weltenherrscher. Die Türen stammen noch aus der Bauzeit. Die Beschläge zeigen das Deutschordenskreuz und waren ursprünglich vergoldet.

Elisabethkirche

täglich geöffnet, April–Sept. 9–18 Uhr, Okt. 9–17 Uhr, Nov.–März 10–16 Uhr

Die Elisabethkirche gehört zu den ältesten und bedeutendsten gotischen Kirchenbauten in Deutschland und diente als Grablege für die heilige Elisabeth. Zu ihrer erhaltenen mittelalterlichen Ausstattung gehören die Verglasungen im Chor, das Elisabethmausoleum, der Elisabethschrein, der steinerne Hochaltar, die Chorschranke sowie Altäre und Skulpturen. Nachdem die Landgräfin Elisabeth von Thüringen (→*Personen*) 1235 heiliggesprochen worden war, wurde im gleichen Jahr unter der Leitung des →*Deutschen Ordens* der Grundstein für eine große Wallfahrtskirche über ihrem Grab nordwestlich vor den Toren der Stadt gelegt. Dieser Kirchenbau ersetzte einen kleineren Vorgängerbau an dieser Stelle. 1283 wurde die Kirche geweiht und 1330 wurden die beiden Türme vollendet. Mit der Reformation erhielt die Kirche ihren heutigen Namen. Die Elisabethkirche ist ein Meisterwerk der Frühgotik und war Vorbild für die weitere Entwicklung der Gotik in Deutschland.

Die Elisabethkirche ist eine dreischiffige frühgotische Hallenkirche mit einer Gewölbehöhe von über 20 Metern. Am Ende des Mittelschiffes steht die Chorschranke, die 1343 vollendet und reich mit Figuren geschmückt war. Diese wurden auf Befehl des Landgrafen Moritz, nachdem dieser zum Calvinismus übergetreten war, 1619 fast gänzlich zerschlagen.

Im Nordchor der Kirche steht das Mausoleum der heiligen Elisabeth, die 1231 mit nur 24 Jahren verstarb. Das Tumba-Relief zeigt Elisabeth auf ihrem Sterbebett, als ihre Seele von Engeln geleitet den Körper verlässt. In der Sakristei befindet sich der goldene Schrein, in dem ursprünglich

Der gotische Hochaltar aus Sandstein wurde 1290 geweiht.

Das Elisabethfenster ist das rechte Fenster im Hohen Chor. Die Glasgemälde zeigen das Leben und Wirken der heiligen Elisabeth und stammen aus der Bauzeit des Chors in der Mitte des 13. Jahrhunderts.

„Elisabeth verschenkt ihr Witwengut": Szene aus dem Elisabethfenster.

ihre Gebeine aufbewahrt worden waren. Landgraf Philipp (→*Personen*) wollte den Reliquienkult beenden und entnahm 1539 eigenhändig die Gebeine seiner Ahnin. Auf Druck des Deutschen Ordens musste er sie später wieder zurückgeben. Heute ist der Schrein leer. Der Schädel und zwei Schienbeine befinden sich in einem Kloster in Wien. Hinter dem Hochaltar im Ostchor befinden sich die ältesten Fenster der Elisabethkirche, darunter das Elisabethfenster aus dem 13. Jahrhundert, das Szenen aus ihrem Leben darstellt. Im Südchor befinden sich die Gräber der hessischen Landgrafen. Seit 1969 gehört die Kirche zum Gesamtverband der evangelischen Kirchengemeinden in Marburg. Ab Ende des Jahres 2021 wird der Innenraum der Elisabethkirche restauriert und die ursprüngliche Farbigkeit aus dem 13. Jahrhundert wiederhergestellt. Dazu erhalten die Wand- und Gewölbeflächen einen rosafarbenen Grundton mit weißem Fugennetz. Architekturgliedernde Elemente wie z. B. Maßwerk werden in Weiß und Ocker abgesetzt.

Das Tumba-Relief zeigt Elisabeth auf ihrem Sterbebett, umstanden von Christus, Maria, Landgraf Konrad und verschiedenen Heiligen. Bettler und Kranke knien davor. Ihre Seele verlässt den Körper geleitet von Engeln.

Das Elisabeth-Mausoleum im Nordchor steht an der ursprünglichen Grabstelle der Heiligen; es entstand um 1270.

Die Klais-Orgel von 2006 über dem Hauptportal.

Die Elisabethkirche mit der St. Michaelskapelle.

Der Elisabethschrein ist ein Meisterwerk rheinischer Goldschmiedekunst. Er wurde um 1240 hergestellt und hat die Form einer Kirche. In der Mitte thront Christus, umgeben von drei Aposteln auf jeder Seite. Die Dachreliefs zeigen Szenen aus Elisabeths Leben.

Das Kruzifix von Ernst Barlach wurde 1931 zum 700. Todestag der heiligen Elisabeth gestiftet. Da Barlachs Werke in der NS-Zeit als „entartete Kunst" galten, wurde es versteckt und so vor der Vernichtung bewahrt.

Kilianskapelle

Am Schuhmarkt 4 steht die älteste Kirche Marburgs, die zwischen 1180 und 1200 erbaute romanische Kilianskapelle. Das dreigeschossige Gebäude dokumentiert neben den Resten der Stadtmauer und Teilen des Landgrafenschlosses den baulichen Ursprung der Stadt →*Marburg 800* (Stadtjubiläum 2022).

Die Säulen am Rundbogenfenster an der Westseite deuten auf die romanische Kirche hin, die der Kilian einmal war.

Von der einstigen Kirche, die dem irischen Märtyrer Kilian geweiht war, zeugt heute noch das ehemalige Westportal mit Säulen und schönen Kapitellen. Darüber findet sich der für diese Zeit untypische Eintrag des Erbauers „Godescalcus me fecit" (Gottschalk hat mich gemacht).

Bis zur Einführung der Reformation 1526 fanden im „Kilian" Gottesdienste statt. Ab 1535 zogen die Schuhmacher der Stadt in das Gebäude ein und seitdem heißt der Platz Schuhmarkt. Nachdem 1552 die Weidenhäuser Brücke durch eine Flut zerstört worden war, wurden das Gewölbe und der Kirchturm abgerissen, um die Steine für den Wiederaufbau der Brücke zu verwenden. Um 1580 entstand als Ersatz das Obergeschoss im Fachwerkstil. In den folgenden Jahrhunderten wurde das Haus unterschiedlich genutzt. 2013 wurde es durch die Stadt erworben und bietet heute Wohnraum für Studierende. Der ehemalige Gewölbeteil wird für wechselnde Ausstellungen genutzt und bietet einen Blick in die früheste Stadtgeschichte.

Blick aus der Reitgasse auf den Kilian, eines der ältesten erhaltenen Bauwerke Marburgs. Der Aborterker an der rechten Außenwand wird heute sicher nicht mehr als Toilette genutzt.

Kugelkirche St. Johannes Evangelist

Die katholische Gemeinde St. Johannes nutzt die in der Nähe der noch erhaltenen Reste der Stadtmauer liegende Kugelkirche, die 1516 als letzte gotische Kirche in Marburg fertiggestellt wurde. Die Auftraggeber des Baus waren die „Brüder vom Gemeinsamen Leben". Diese religiöse Gemeinschaft wurde Ende des 14. Jahrhunderts ge-

Ansicht der Kugelkirche mit der später vorgebauten Sakristei von der Treppe der Kugelgasse.

Links neben dem Altar befindet sich das turmartige Sakramentshäuschen an der fensterlosen Nordwand.

gründet und errichtete bis 1491 ihr Kloster in der Nähe der Stadtmauer. Die Mitglieder des Klosters trugen eine Mütze mit langem Zipfel, „Gugel" genannt. Daraus wurden im Sprachgebrauch die Bezeichnungen „Kugel-

Die Kugelkirche und das Kugelhaus in der Ansicht vom Turm der Pfarrkirche. Am rechten Bildrand sind das Kalbstor und die Ritterstraße zu sehen.

Das Netzgewölbe, dessen Rippenanfänge sich überkreuzen, ist durch Rankenmalerei belebt.

herren" und „Kugelkirche" abgeleitet. Besonders bemerkenswert ist das mit spätgotischer Malerei überzogene Netzgewölbe der Kirche. Aus der Bauzeit stammt auch noch das Sakramentshäuschen. 1527, nur wenige Jahre nach der Fertigstellung der Kirche, wurde der Orden von Landgraf Philipp (→*Personen*) aufgelöst und das Kloster und die Kirche gingen in den Besitz der gerade neu gegründeten →*Universität* über. Bis heute wird das ehemalige Kloster als Institutsgebäude verwendet. Die Kirche wurde anfangs von der Universität als Hörsaal der theologischen Fakultät genutzt. Im Jahr 1827 wurde sie dann wieder als katholische Pfarrkirche geweiht. 1967 wurde der Innenraum der Kirche letztmals umfassend restauriert.

Lutherische Pfarrkirche St. Marien (auch Stadtpfarrkirche oder Lutherkirche)

Die Schiefe des Turmhelms der Pfarrkirche fällt von der Ritterstraße aus besonders auf. Er ist leicht nach Süden geneigt und verdreht.

Der Ostchor ist der älteste Teil der Pfarrkirche und wurde wenige Jahre nach der Elisabethkirche fertiggestellt.

Die Pfarrkirche im Herzen der Stadt wurde im Gegensatz zur Elisabethkirche in mehreren Bauabschnitten und von verschiedenen Bauherren gebaut. An den romanischen Vorgängerbau, der 1222 als größere Kirche der Stadt (ecclesia maior, →*Marburg 800* (Stadtjubiläum 2022)) bezeichnet wurde, wurde vom →*Deutschen Orden* ein gotischer Ostchor angebaut, der 1297 geweiht wurde. Er ist der älteste Teil der heutigen Kirche. Ab 1318 wurde im Auftrag der Bürgerschaft die romanische Kirche durch ein dreischiffiges gotisches Langhaus ersetzt. Der

Das Langhaus und die barocke Orgel vom Altar aus gesehen.

Die Schauseite des Landgrafenschlosses mit der Lutherischen Pfarrkirche und den Häusern der Oberstadt. Der Bettinaturm ganz links markiert die mittelalterliche Stadtmauer im Westen.

Westturm mit dem schiefen pyramidenförmigen Dach wurde zwischen 1447 und 1473 im Auftrag der Stadt angebaut. Im Laufe der Jahrhunderte neigte sich die Turmspitze und längst gehört dieser „schiefe Turm von Marburg“ zu den Wahrzeichen der Stadt. Wenn man das Kirchenschiff betritt, findet man rechts ein großes romanisches Taufbecken. Es fasst 700 Liter und stammt noch aus der Vorgängerkirche. An der Nordseite befinden sich zwei monumentale Landgrafengräber. Rechts das Grab von Landgraf Ludwig IV. von Hessen-Marburg (1537–1604) und seiner Frau Hedwig von Württemberg und links das seines Neffen Ludwig V. von Hessen-Darmstadt (1577–1626) und dessen Frau Magdalena von Brandenburg.

Das große Taufbecken aus Sandstein stammt noch aus der romanischen Vorgängerkirche und ist mindestens 800 Jahre alt.

St. Michaelskapelle („Michelchen“)

Gegenüber der Westseite der Elisabethkirche auf einem kleinen Hügel

Innenansicht der Kapelle Richtung Osten.

Epitaph des Ruland Nidderhoffer und seiner Frau Elisabeth Weigel von 1578.

Rechts: Außenansicht des Michelchen mit seinem Friedhof.

liegt die dem Erzengel Michael im Jahr 1270 geweihte Kapelle. Ursprünglich handelte es sich um die Friedhofskapelle des Elisabethhospitals. Sie wurde später auch von den Pilgern zum Grab der heiligen Elisabeth (→*Personen*) genutzt. Ab 1530 wurden hier auch Marburger Bürger bestattet, deren Gräber zum Teil heute noch auf dem angrenzenden Friedhof zu sehen sind. Vom Michelchen aus hat man einen schönen Blick auf die Elisabethkirche. Wer die Kapelle besuchen will, kann sich beim Küster der Elisabethkirche den Schlüssel ausleihen. Sonntags finden hier auch Gottesdienste statt. Von hier aus kann man in einer halbstündigen Wanderung über den Friedrich-Siebert-Weg zur „Kirchspitze“ (324 m) hinaufsteigen (ca. 30 Minuten).

Universitätskirche
Das 1291 in der Reitgasse gegründete Kloster der Dominikaner wurde nach der Gründung der Universität zu einem der Entwicklungszentren der Hochschule. Bis auf die zwischen 1300 und 1320 erbaute Klosterkirche blieben keine der ursprünglichen Gebäude erhalten. Seit dem Dreißigjährigen Krieg (1618–1648) dient sie als Kirche der evangelisch-reformierten Gemeinde. Für die von den Dominikanern erbauten Kirchen ist das Fehlen eines Kirchturms typisch. Auf diesen wurde als Zeichen der Bescheidenheit auch in Marburg verzichtet. Der Innenraum wurde eher schlicht ausgeführt. Die letzte Renovierung fand 1927 statt.

Die Universitätskirche und die fast 600 Jahre später angebaute „Alte Universität".

Blick in die ursprüngliche Klosterkirche Richtung Altar.

Zusammen mit den 1872–1891 im neugotischen Stil erbauten Universitätsgebäuden der „Alten Universität" (→*Universität*) stellt die Kirche oberhalb der Weidenhäuser Brücke eines der Wahrzeichen Marburgs dar. An der nördlichen Außenmauer der Universitätskirche zum Kornmarkt hin befindet sich seit 2012 ein Lichtkunstwerk, das eine Illustration von Otto Ubbelohde (→*Personen*) zum Märchen Sterntaler mit einem Weltraumfoto der NASA kombiniert.

Die Ansicht der Kirche und der Universitätsgebäude von der Reitgasse aus.

Blick vom Hirsefeldsteg auf das „Grüner Wehr" an der Lahn mit dem Rathaus und der „Alten Universität" im Hintergrund.

Rechts: Die Grüner Mühle und das Wehr im Winter.

Lahn

Die Lahn ist 246 km lang und entspringt im Rothaargebirge in Nordrhein-Westfalen und mündet bei Lahnstein in Rheinland-Pfalz in den Rhein. Nach etwa 50 km erreicht sie

An der Weidenhäuser Brücke.

Marburg und prägt dabei das Erscheinungsbild, da sie praktisch das gesamte Stadtgebiet durchfließt. Der Abschnitt zwischen Bahnhof und dem Stadtteil Cappel stellt ein wichtiges Naherholungsgebiet der Stadt dar. Durch Marburg führen der Lahntalradweg und der Lahnwanderweg, die beide auf knapp 300 km von der Quelle bis zur Mündung verlaufen. Die Strecke von der Quelle bis Marburg im oberen Lahntal beträgt rund 70 km und die restliche Strecke bis zum Rhein ca. 220 km.

Landgrafenschloss

Prägend für das Stadtbild ist das auf einem Buntsandsteinplateau auf 287 m Höhe errichtete Landgrafenschloss. Ursprünglich nur aus westlicher Richtung erreichbar, war das Areal gut zu verteidigen. Im 12. Jahrhundert wird hier eine Burg in verschiedenen Quellen erwähnt, die aber auch schon

Der Saalbau an der Nordwestseite.

auf den Überresten eines Vorgängerbaus errichtet wurde. Im 13. Jahrhundert wurde mit dem Bau des heutigen Gebäudekomplexes begonnen. Die hufeisenförmige Anlage öffnet sich in Richtung Osten und wurde in mehreren Abschnitten errichtet. Im südlichen Bereich liegt der Landgrafenbau, im Westen das Frauenhaus und im Norden der Saalbau. Der um 1300 erbaute Fürstensaal ist einer der größten gotischen Säle in Deutschland und hat eine Fläche von fast 500 m². Im Jahr 1288 wurde die Schlosskapelle eingeweiht.

Die Nordwestseite des Schlosses mit dem Zeughaus und dem Hexenturm.

Das Eingangstor im Innenhof des Schlosses mit einem Renaissance-Portal von 1570.

Allerdings verließ schon der erste Landgraf Heinrich I. (1244–1308), Enkel der heiligen Elisabeth von Thüringen (→*Personen*), Marburg und verlegte seine Residenz nach Kassel. Erst während der Herrschaft von Landgraf

Die Schlosskapelle ist so alt wie die Elisabethkirche. Hier finden heute Trauungen statt.

Philipp dem Großmütigen (→*Personen*) bekam das Schloss zu Beginn der Reformation wieder eine größere Bedeutung. Hier fand 1529 das →*Marburger Religionsgespräch* zwischen Luther und Zwingli statt.

Ab 1809 diente ein Teil des Schlosses als Gefängnis. Von 1869 bis 1938 nutzte das preußische Staatsarchiv die Räume. Ab 1976 wurde das Schloss grundlegend saniert. Heute gehört es zur Universität und ist als Museum auch Besuchern zugänglich. Im Fürstensaal finden Konzerte und Theateraufführungen statt. Im Innenhof des Schlosses steht eine Replik des Philippsteins von 1542, auf dem sich Landgraf Philipp als Wohltäter nach dem Vorbild seiner Ahnfrau Elisabeth von Thüringen darstellen ließ. In dem östlich

Die Westseite des Schlosses mit dem ehemaligen Gefängnis.

Die Schauseite des Landgrafenschlosses.

gelegenen Wilhelmsbau, der über eine weithin sichtbare Brücke mit dem Kernschloss verbunden ist, befindet sich heute das Museum für Kulturgeschichte (→*Museen*).

Auf der Westseite schließt sich der Schlosspark mit seinem alten Baumbestand an. Neben dem Rosengarten befindet sich dort die Schlossparkbühne, wo im Sommer Veranstaltungen stattfinden und auch ein Open-Air-Kino betrieben wird. Im Schlosspark findet man auch das ehemalige Privatlaboratorium, das Emil von Behring (→*Personen*) 1896 für seine Forschungen bauen ließ. Es ist gleichzeitig die letzte Station der Behring-Route und beherbergt heute das Gästehaus des Herder-Institutes.

Das Schloss ist nachts eindrucksvoll beleuchtet.

Der gotische Fürstensaal ist mehr als 700 Jahre alt und das Schmuckstück des Landgrafenschlosses.

Das Tastmodell der Schlossanlage.

Der Philippstein von 1542 im Innenhof des Schlosses zeigt eine Selbstinszenierung von Landgraf Philipp.

Der Rosengarten im Schlosspark. Der Schlosspark ist auch eine grüne Oase inmitten der Stadt. Im Hintergrund die Freiluftbühne.

Marburger Religionsgespräch

Im Jahr 1529 lud Landgraf Philipp der Großmütige (→*Personen*) die führenden Vertreter der Reformation nach Marburg ein, um eine Einigung im Glaubensstreit herbeizuführen. Im Oktober des Jahres trafen sich u. a. Martin Luther, Philipp Melanchthon und Huldrych (Ulrich) Zwingli für drei Tage im →*Landgrafenschloss*. Zwar einigten sie sich in den meisten Punkten, aber der Abendmahlsstreit konnte nicht beigelegt werden. Luther beharrte auf der buchstabengetreuen Auslegung der Bibelworte im Sinne von „das ist mein Leib", während Zwingli sie als „das bedeutet meinen Leib" symbolhaft verstanden wissen wollte. In der Folge kam es zur endgültigen Trennung zwischen dem lutherischen und dem reformierten Zweig der Reformation.

Das Historiengemälde von August Noack (1822–1905) mit dem Titel „Religionsgespräch im Marburger Schloß (1529)" zeigt Martin Luther im Gespräch mit Ulrich Zwingli. Der junge Landgraf Philipp, der beide eingeladen hatte, sitzt links am Tisch.

Marburg 800 (Stadtjubiläum 2022)

Man schrieb das Jahr 1222, als Ludwig, der junge Landgraf von Thüringen, in Marburg weilte, der westlichsten Burg seines Reiches. Ein Jahr zuvor hatte er sich mit der 14-jährigen Elisabeth vermählt, die sechs Jahre später als Witwe nach Marburg kommen sollte, um hier ein Hospital zu gründen und in selbstgewählter Armut zu leben (→*Personen*). Nun gebar sie ihr erstes Kind. Die frohe Kunde über die Geburt des Sohnes Hermann wurde nach Marburg gebracht. Sie erreichte den Vater zu der Zeit, als er in der größeren Kirche der Stadt mit ihren Bürgern Gericht hielt.

Dies geht aus der Reinhardsbrunner Chronik hervor. Sie ist die älteste bekannte Quelle, in der Marburg als Stadt (civitas) und ihre Einwohner als Bürger (burgenses) bezeichnet werden. 1222 muss Marburg also bereits Stadt gewesen sein. Bei der genannten Kirche handelt es sich um den romanischen Vorgängerbau der heutigen Lutherischen Pfarrkirche St. Marien (→*Kirchen*).

Vor diesem historischen Hintergrund begeht Marburg im Jahr 2022 sein achthundertjähriges Stadtjubiläum.

Stadtansicht von 1605 auf einem Kupferstich von Wilhelm Dilich.

Marktplatz

Der Marktplatz vereint Baustile vom 13. Jahrhundert bis in die heutige Zeit. Um den zentralen Platz gruppieren sich kleinere Handelsplätze wie der Schuh- und der Kornmarkt. Ab dem 16. Jahrhundert verlagerte sich das Handelsgeschehen vor das Rathaus.
Der Platz vor dem Rathaus war der Ort der Wochenmärkte und wird bis heute für besondere Veranstaltungen,

Das „Steinerne Haus" (Markt 18) wurde vor 700 Jahren erbaut (1319/1323) und ist das älteste erhaltene Wohngebäude Marburgs.

Das historische Fachwerkhaus (Markt 23) beherbergt heute im Erdgeschoss die Brüder-Grimm-Stube, die regelmäßig für Ausstellungen genutzt wird.

beispielsweise für Freilicht-Aufführungen des hessischen Landestheaters oder den jährlichen Weihnachtsmarkt, genutzt. Neben dem Rathaus an der Treppe zum Hirschberg steht das Sophie-von-Brabant Denkmal. Es zeigt Herzogin Sophie von Brabant (1224–1275) (→*Personen*), das zweite Kind der heiligen Elisabeth von Thüringen

Der Marburger Marktplatz mit dem historischen Rathaus.

(→*Personen*), wie sie ihren Sohn Heinrich (1244–1308) der Marburger Bevölkerung präsentiert und damit letztlich das Land Hessen begründete. Dieses Ereignis von 1248 war der Beginn eines 15-jährigen Erbfolgestreits. Sophie wählte Marburg zum Regierungssitz und konnte schließlich die Ansprüche ihres noch minderjährigen Sohnes auf das thüringische Erbe durchsetzen. Heinrich I., genannt „das Kind", wurde der erste Landgraf von Hessen.

Der achteckige Marktbrunnen gegenüber dem Rathaus wurde 1951 eingeweiht. Gestaltet wurde er von Rudolf Breidenbach (1884–1958). Die Bronzefigur in der Mitte zeigt den heiligen Georg, der zur Zeit der Christenverfolgung in Rom gelebt haben soll. Seine Figur wurde während der Kreuzzüge mit der Legende einer Drachentötung verbunden.

ORIENT-TE

Am Marktplatz steht die Sophie-von-Brabant-Statue, die ihren Blick zum Schloss richtet.

Museen

Museum für Kulturgeschichte

Das Museum zeigt Objekte der Vor- und Frühgeschichte in Mittelhessen, der kirchlichen Kunst und der Landesherrschaft in Mittel- und Nordhessen sowie des bürgerlichen Wohnens und der hessischen Volkskunde.
Landgrafenschloss, Schloss 1, 35037 Marburg
https://www.uni-marburg.de/de/museum/landgrafenschloss/ausstellungen

Das Museum für Kulturgeschichte der Universität befindet sich im Wilhelmsbau des Landgrafenschlosses.

Der riesige Wandteppich mit dem Gleichnis vom verlorenen Sohn entstand Anfang des 15. Jahrhunderts und ist eine der Kostbarkeiten im Museum für Kulturgeschichte.

Kunstmuseum

Das Museum zeigt Gemälde, Grafiken und Skulpturen des 19. und 20. Jahrhunderts und der internationalen Avantgarde nach 1945. Der architektonisch markante Museumsbau mit den expressionistischen Zacken wurde 1927 zum 400-jährigen Jubiläum der Universität eröffnet. Seit 2018 ist er nach einer umfassenden Sanierung wieder geöffnet.
Kunstgebäude, Biegenstraße 11, 35037 Marburg
https://www.uni-marburg.de/de/museum/kunstmuseum

Das Gebäude des Kunstmuseums mit den auffälligen expressionistischen Zacken wurde 1927 eröffnet.

Marburger Kunstverein

Der Marburger Kunstverein zeigt in seinem modernen Gebäude Kunst der Gegenwart.

Der in Marburg 1953 gegründete Kunstverein fördert Projekte der zeitgenössischen Kunst. Dazu gehört auch die Organisation von regelmäßig wechselnden Ausstellungen. Das erste Ausstellungshaus befand sich in der →*Oberstadt*. Im Jahr 2000 wurde dann das Marburger Kunsthaus am Gerhard-Jahn-Platz 5 eingeweiht. Auf über 500 m² finden sich zwei Ausstellungsräume für wechselnde Ausstellungen, eine Bibliothek und ein Bereich mit ausleihbaren Kunstwerken (Artothek). Regelmäßig werden auch Konzerte veranstaltet.
Gerhard-Jahn-Platz 5, 35037 Marburg
http://marburger-kunstverein.de

Mineralogisches Museum

Hier sind Mineralien, Gesteine und Meteoriten aus der ganzen Welt zu sehen, darunter auch der „Meteorit von Treysa“, der 1916 nördlich von Marburg mit lautem Donner niederging. Das Museum befindet sich seit

Das ehemalige Korn- und Backhaus des Deutschen Ordens wurde 1515 erbaut. Es beherbergt seit 1977 das Mineralogische Museum der Universität.

1977 im ehemaligen Kornspeicher und Backhaus des Deutschen Ordens am Firmaneiplatz und gehört zur →*Universität*. In drei Sälen werden 2500 Exponate auf 600 m² präsentiert. Es steht in der Tradition des 1790 gegründeten „Hessischen Mineralien Kabinetts" und weist auf eine lange Tradition des Fachbereichs Geologie in Marburg hin. Heute gehört das Museum zum Fachbereich Geographie.

Der Eisenmeteorit, der 1916 bei Treysa in Nordhessen niederging, wog 63 kg und ist im Mineralogischen Museum ausgestellt.

Kornspeicher an der Elisabethkirche, Firmaneiplatz 1, 35037 Marburg
https://www.marburg-tourismus.de/mineralogie

Museum Anatomicum – Medizinhistorisches Museum
Im Dachgeschoss der ehemaligen Pathologie befindet sich eine umfangreiche anatomische Sammlung. Gegründet wurde sie 1812 vom Mediziner Heinrich Bünger (1782–1842). Er wollte mit einer Sammlung besonderer Exponate Studierenden einen praxisnahen Einblick in die Krankheiten und Besonderheiten des menschlichen Körpers geben. Darunter befinden sich auch einige erstaunliche und skurrile Beispiele, wie das 2,44 m große Skelett des „Langen Anton". Die enorme Größe dieses Mannes war wohl die Folge eines Tumors der Hirnanhangdrüse.
Robert-Koch-Straße 6, 35037 Marburg
https://www.marburg-tourismus.de/anatomicum

Emil-von-Behring-Ausstellung
Anhand von vielen Originalen werden Leben und Werk des ersten Medizin-Nobelpreisträgers Emil von Behring (→*Personen*) dargestellt.
Bahnhofstraße 7, 35037 Marburg
https://www.marburg-tourismus.de/staedteerlebnis/marburg-entdecken/museen-ausstellungen/emil-von-behring-ausstellung

Haus der Romantik

Gezeigt werden Ausstellungen zur Romantik und zum Kreis der Marburger Romantiker.
Marktplatz, Markt 16, 35037 Marburg
http://www.romantikmuseum-marburg.de

Religionskundliche Sammlung
Es werden religiöse Exponate aus vielen Kulturen der Welt ausgestellt.
Kanzleigebäude unterhalb des Schlosses, Landgraf-Philipp-Straße 4, 35037 Marburg
https://www.uni-marburg.de/de/relsamm

Das Museum „Haus der Romantik" befindet sich am Markt in dem Haus mit dem auffälligen Rokokoportal (um 1770).

Der Renaissancebau der früheren landgräflichen Kanzlei von 1575 beherbergt heute die Religionskundliche Sammlung der Universität.

Natur

Marburg liegt im Naturraum „Marburg-Gießener Lahntal" und bietet einer Vielzahl von Pflanzen- und Tierarten Lebensräume. In den letzten Jahren kehrte beispielsweise die Wildkatze *(Felis silvestris)* bis in die direkte Umgebung der Stadt zurück.

In Kellern unterhalb des Landgrafenschlosses überwintern bis zu 5000 Zwergfledermäuse (Pipistrellus pipistrellus).

Die Zwergfledermaus ist die kleinste der bei uns vorkommenden Fledermausarten.

2008 wurden zum ersten Mal brütende Uhus *(Bufo bufo)* im Südturm der Elisabethkirche (→*Kirchen*) entdeckt. Seit diesem Zeitpunkt kommt es immer wieder zu erfolgreichen Bruten in den Türmen der Kirche. Die Tiere jagen speziell die in Marburg verwilderten Tauben. Im Keller des →*Landgrafenschlosses* überwintert mit 5000 Tieren die größte in Deutschland bekannte Winterschlafgruppe von Zwergfledermäusen *(Pipistrellus pipistrellus)*.

Die Stadt und die naturnahe Umgebung bieten hervorragende Lebensbedingungen für verschiedene Fledermausarten. Gegen Abend lassen sich die Tiere bei ihren Jagdflügen an vielen Stellen der Stadt beobachten.

Um die Orientierung von Fledermäusen durch den Einsatz von Rufen im für uns Menschen nicht hörbaren Ultraschallbereich zu demonstrieren, wurde von der Naturschutzverwaltung am Schloss ein Informationsmodul eingerichtet. Ein „Fledermaus-Detektor" macht dort die Ultraschallrufe verschiedener Arten hörbar. Zusätzliche Informationstafeln und Exkursionsangebote während der Sommermonate geben viele weitere Möglichkeiten, sich mit dieser Tiergruppe zu beschäftigen.

Oberstadt

„Zu Marburg muss man seine Beine rühren und treppauf, treppab steigen." (Jacob Grimm →*Personen*)
Diese Worte eines der berühmtesten Studenten Marburgs beschreiben gut die Lage der Marburger Altstadt am Berghang über der Lahnaue. Und so ist die allgemeine Bezeichnung der Altstadt in Marburg „Oberstadt".
Die Marburger Oberstadt mit ihrer pyramidenartigen Form ist auch ein Bild für die mittelalterliche Ständeordnung.
Ganz oben an der Spitze befindet sich das Schloss des Landgrafen, unmittelbar darunter die Ritterstraße mit den Häusern der Burgmannen, die in seinem Dienst standen. Die Grundstücke beiderseits der Straße gehörten dem Landgrafen, der sie seinen Burgmannen als erbliches Lehen überließ. Deshalb zahlten ihre Besitzer keine Steuern an die Stadt. Die eigentliche Stadt mit ihren Bürgern schloss sich erst unterhalb an. Auf der Ebene der Pfarrkirche wohnten die hochgestellten oder wohlhabenden Bürger wie Bürgermeister, Räte, Richter oder Professoren in stattlichen Häusern. Darunter

Historische Fachwerkhäuser in der Reitgasse vor der Kulisse der Oberstadt.

Die Reitgasse führt hinauf zum Marktplatz.

Historistischer Fachwerkbau von 1877 in der Ritterstraße 3.

folgten die Handwerker und die ärmeren Leute, die in kleineren Häusern und engeren Gassen wohnten.
Die Geschichte der „Oberstadt" beginnt um 1140. Durch den Bau der ersten Verteidigungsanlagen entstand eine befestigte Marktsiedlung. Die Einweihung der Elisabethkirche (→*Kirchen*) und die Entscheidung der hessischen Landgrafen, in Marburg ihre Re-

Das historistische Fachwerkhaus (Wettergasse 11) von 1899 fällt durch seine besonderen Schnitzereien auf.

Am Fachwerkhaus von 1557 führt die Aulgasse (links) von der Reitgasse zum Marktplatz. Hier hatten früher die Töpfer (Euler) ihre Werkstätten.

sidenz einzurichten, führten zu einem wirtschaftlichen Aufschwung und zu einer Ausweitung des bebauten Bereichs im Umfeld des →*Landgrafenschlosses*. Die Gründung der Universität 1527 nach der Reformation machte Marburg weit über die Grenzen der Landgrafschaft hinaus bekannt. Ihre weitere Entwicklung hat die Stadt der Annexion durch Preußen 1866 zu verdanken. Dies führte zum Ausbau der Universität und zu einer großen Erweiterung der Stadt in der Gründerzeit. Um 1880 begann beim Bau der Bürgerhäuser die Zeit des Historismus, bei dem Elemente der frühen Fachwerkhäuser aufgegriffen wurden. Durch die Einrichtung einer Fußgängerzone nach 1970 wurde dann der Charakter der Oberstadt als Freizeit- und Einkaufsbereich verstärkt und begründete die Attraktivität der Kernstadt für den Tourismus. Die Befürworter eines Abrisses der alten Häuser konnten sich zum Glück nicht oft durchsetzen. Stattdessen begann ab 1973 die schrittweise Sanierung der alten Bausubstanz, in deren Folge begehrte Wohnquartiere in der Oberstadt geschaffen wurden.

Der kleine Platz mit dem Beringbrunnen in der Straße „Am Plan" lädt zum Verweilen ein. Er wurde zur Ehren des Philosophieprofessors Johannes Bering 1839 von seiner Tochter gestiftet.

Personen

Bettina von Arnim um 1810, Abbildung eines unbekannten Künstlers.

Wolfgang Abendroth (1906–1985)

Dem Sohn überzeugter Sozialdemokraten und Mitglied der Kommunistischen Partei Deutschlands wurde ab 1933 die Arbeit als Jurist verboten. Von 1937 bis 1941 war er wegen Hochverrats im Zuchthaus. Als er als „Bewährungssoldat" in einer Strafdivision in Griechenland eingesetzt war, desertierte er 1944 zur griechischen Widerstandsorganisation ELAS und geriet in britische Kriegsgefangenschaft. Von 1951 bis 1972 leitete Wolfgang Abendroth als Professor für wissenschaftliche Politologie das Institut für Politologie an der Philipps Universität. Er begründete die marxistisch geprägte „Marburger Schule" und unterstützte die Studentenbewegung in den 1968er Jahren.

Der „Bettinaturm" vom Garten des Forsthofs.

Bettina von Arnim, geb. Brentano (1785–1859)

Bedeutende Schriftstellerin der Romantik, die unter anderen auch mit Goethe im Briefwechsel stand. Im Vorfeld der Märzrevolution von 1848 zeichnete sie sich durch ihr politisches und soziales Engagement aus. Die aus Frankfurt

Der Forsthof in der Ritterstraße 16.

stammende Bettina kam über ihre Schwester Gunda in Marburg mit dem Romantikerkreis um ihren Schwager Friedrich Carl von Savigny (1779–1861), den Brüdern Grimm (→Personen) und anderen in Kontakt. Hier wohnte sie von 1805 bis 1806 im sogenannten Forsthof in der Ritterstraße, wo sich der Literaturkreis traf. Sie hielt sich gerne auch nachts in dem an das Grundstück angrenzenden Turm der mittelalterlichen Stadtmauer auf, der später nach ihr „Bettinaturm" genannt wurde. Mit 26 Jahren heiratete sie Achim von Arnim, der ebenfalls mit dem Romantikerkreis verbunden war.

Ab den 1830er Jahren wurde Bettina von Arnim für ihren literarischen Salon in Berlin berühmt. Dort engagierte sie sich auch sozial bei der Armenspeisung und Kleidersammlung. In einem Bittbrief an den König setzte sie sich erfolgreich für einen demokratisch-sozialistischen Revolutionär ein und beschrieb in einem Buch die politischen und gesellschaftlichen Missstände ihrer Zeit.

Emil Behring bei seiner Hochzeit 1896 im Alter von 42 Jahren.

Emil von Behring (1854–1917)

Behring arbeitete als Arzt in Berlin am Institut von Robert Koch und forschte 1890 zusammen mit dem japanischen Arzt Kitasato Shibasabur (1853–1931) an der Entwicklung von sogenannten Heilseren gegen Diphtherie und Tetanus. Durch die Unterstützung seines

Freundes und Kollegen Erich Wernicke (1859–1928) gelang es schließlich, ein wirksames Heilmittel gegen Diphtherie herzustellen, mit dem erkrankte Kinder geimpft und geheilt werden konnten. Das Verfahren der Serumtherapie beruhte auf dem Prinzip der passiven Immunisierung. Dabei wurden die Abwehrstoffe oder Antitoxine (heute: Immunglobuline) aus dem Blutserum von Tieren, die man vorher mit dem Erreger infiziert hatte, isoliert und den Patienten injiziert. So konnte die Kinder-

Das Behring-Mausoleum; Grabstätte von Emil von Behring und seiner Ehefrau Else von Behring auf der Elsenhöhe im Stadtteil Marbach.

Infotafel der Behring-Route am ehemaligen Wohnhaus von Emil von Behring und seiner Familie in der Wilhelm-Roser-Straße.

sterblichkeit durch Diphtherie um die Hälfte reduziert werden. Dafür erhielt Behring den Ehrentitel „Retter der Kinder“. Ab 1894 wurde das Diphtherieheilserum von den Farbwerken Hoechst mit Hilfe von Pferden im industriellen Maßstab produziert. 1895 wurde Behring auf die Professur für Hygiene an die Universität Marburg berufen. Im Jahr darauf ließ er auf dem Schlossberg ein modernes Privatlaboratorium für seine Forschungen bauen, für das auch die Farbwerke Hoechst Mittel beisteuerten. Hier widmete er sich der Erforschung der Tuberkulose, während er am Institut für Hygiene die Versuche zur Optimierung der Heilseren gegen Diphtherie und Tetanus fortsetzte. 1901 wurde Behring in den erblichen Adelsstand erhoben und erhielt den erstmals vergebenen Nobelpreis für Medizin. 1904 gründete er zusammen mit dem Apotheker Carl Siebert in Marburg die Behringwerke. Nach physischen und psychischen Zusammenbrüchen hielt sich Behring von 1907 bis 1910 zu längeren Sanatoriumsaufenthalten in München auf. 1911 zog er sich aus der aktiven Geschäftsführung zurück und konzentrierte sich auf die wissenschaftliche Leitung. 1913 konnte er einen aktiven Diphtherieimpfstoff vorstellen, der aus einer Mischung von Toxin und Antitoxin bestand. Zu seinem 60. Geburtstag im März 1914 erhielt er die Ehrenbürgerschaft der Stadt Marburg. Drei Jahre später starb er im Alter von 63 Jahren und wurde in seinem 1916 von ihm selbst geplanten Mausoleum auf der „Elsenhöhe" in Marburg bestattet. Seit 1896 war er mit der 22 Jahre jüngeren Else Spinola (1876–1936) verheiratet. Aus der Ehe gingen sechs Söhne hervor.

Elisabeth von Thüringen (1207–1231)
Elisabeth kam im Juli 1207 als Tochter des ungarischen Königs zur Welt. Um die Unterstützung des Landgrafen Hermann I. von Thüringen zu gewinnen, wurde Elisabeth schon als Baby seinem erstgeborenen Sohn versprochen und im Alter von vier Jahren nach Eisenach auf die

Stehende Elisabethfigur um 1240 an der linken Giebelseite des Elisabethschreins in der Elisabethkirche.

Wartburg gebracht. Als kurze Zeit später ihr Verlobter starb, heiratete sie 1221 mit 14 Jahren Ludwig, den zweiten Sohn des Landgrafen. 1222 wurde ihr Sohn Hermann geboren (→*Marburg 800* (Stadtjubiläum 2022)) und ein Jahr später die Tochter Sophie, die

„Elisabeth pflegt Kranke": Szene aus dem Elisabethfenster in der Elisabethkirche.

„Elisabeth tränkt Durstige und wäscht ihnen die Füße" und „Elisabeth speist Hungrige": Die beiden linken Dachreliefs des Elisabethschreins (um 1240) in der Elisabethkirche.

als Herzogin von Brabant eine wichtige Rolle bei der Gründung Hessens spielte. Inspiriert von den Idealen des Franz von Assisi (ca. 1182–1226) entschloss sich Elisabeth zu einem Leben in Bescheidenheit, Frömmigkeit und Nächstenliebe. Dafür hatte sie die Unterstützung ihres Mannes Ludwig. Dieser starb jedoch schon 1227 auf dem Kreuzzug nach Palästina an einer Seuche. Nach seinem Tod und im Streit um ihr Erbe verließ Elisabeth die Wartburg. Sie erhielt schließlich Grundbesitz im fernen Marburg und dazu 2000 Silbermark. Unterstützt von ihrem Beichtvater Konrad von Marburg ließ sie hier 1228 ein Hospital errichten, in dem sie sich bis weit über die Grenze der Selbstaufopferung der Armen- und Krankenpflege widmete. 1231 starb sie im Alter von 24 Jahren und wurde in der Kapelle ihres Hospitals bestattet. Schon bald nach ihrem Tod wurde ihr Grab zu einem Pilgerort. Als sie bereits vier Jahre später vom Papst in Rom heiliggesprochen wurde, wurde noch im selben Jahr 1235 mit dem Bau der Elisabethkirche (→*Kirchen*) begonnen, um den großen Pilgerstrom bewältigen zu können.

Jacob (1785–1863) und Wilhelm Grimm (1786–1859)

Jacob Grimm begann 1802 als 17-Jähriger sein Jurastudium in Marburg und wohnte in dem historischen Fachwerkhaus Barfüßerstraße 35. Ein Jahr später immatrikulierte sich sein ein Jahr jüngerer Bruder Wilhelm Grimm hier ebenfalls in Rechtswissenschaften. Beide wohnten ab 1803 gemeinsam im Nachbarhaus Wendelgasse 4 und

Im Haus Wendelgasse 4 (im Hintergrund) wohnten Jacob und Wilhelm Grimm als Studenten von 1803 bis 1805. Ansicht aus der Jacobsgasse.

gehörten damit zu den ca. 170 Studenten, die es zu dieser Zeit in Marburg gab. Die Oberstadt hatte damals schmutzige und schlecht beleuchtete, enge Gassen. Jacob beklagte sich über die vielen Treppen, das laute Gebell der zahlreichen Hunde und den Lärm der Holzfuhrwerke auf dem Kopfsteinpflaster. Die Brüder, die in Kassel das Gymnasium besucht hatten, studierten bei dem nur wenige Jahre älteren Rechtsgelehrten Friedrich Carl von Savigny (1779–1861), mit dem sie eine lebenslange Freundschaft verband. Über ihn kamen sie in Kontakt mit dem „Marburger Romantikerkreis“ und den Schriftstellern Clemens und Bettina Brentano (→*Personen*) sowie Achim von Arnim. In diesem Umfeld entstand bei den Brüdern die Begeisterung für die ältere deutsche Literatur und die Idee, die mündlich überlieferten Märchen und Sagen zu sammeln und aufzuschreiben. 1812 und 1815 gaben sie die berühmten Kinder- und Hausmärchen in zwei Bänden heraus, die 2005 zum UNESCO-Weltdokumentenerbe erklärt wurden. Jacob Grimm arbeitete zunächst als Bibliothekar im Königreich Westphalen für Jérôme Bonaparte und wandte sich später der Erforschung von Literatur und Sprache zu. Ab 1830 war er Professor an der Universität Göttingen. Wilhelm erhielt 1831 dort ebenfalls eine Stelle als Bibliothekar. Als Mitverfasser des Protests

Infotafel zu den Brüdern Grimm vor dem Haus Barfüßerstraße 35.

Die beiden Häuser am Marktplatz (Markt 7) gehören auch zum Grimm-dich-Pfad, da auf ihren Fassaden ein Märchenmotiv angebracht ist.

der „Göttinger Sieben" wurden beide des Landes verwiesen und gingen auf Einladung des preußischen Königs nach Berlin. Dort begannen sie mit der Arbeit an ihrem Deutschen Wörterbuch, das ab 1852 schrittweise veröffentlicht und erst 1961 beendet wurde.

Der sogenannte „Grimm-Dich-Pfad" zum Andenken an das Wirken der beiden Brüder gehört in Marburg zu den touristischen Attraktionen. In der Oberstadt finden sich an verschiedenen Stellen überdimensionale Märchenfiguren wie z. B. ein riesiger Froschkönig mit einem Buch. Der Parcours durch die Altstadt verbindet einige der bekanntesten von den Grimms gesammelten Volksmärchen und manchmal dauert es ein wenig, bis man die Figuren entdeckt und das entsprechende Märchen zuordnen kann. Die Anlehnung an die in den 1970er Jahren beliebten „Trimm-dich-Pfade" ist durchaus gewollt, denn der Weg führt über viele Treppen bergauf und bergab, über die sich schon Jacob Grimm mokierte, als er an einen Freund schrieb: „Ich glaube, es sind mehr Treppen auf den Straßen als in den Häusern."

Hedwig Jahnow (1879–1944)

Hedwig Jahnow um 1905.

Hedwig Jahnow studierte von 1903 bis 1906 als Gasthörerin Geschichte und Religion an der Universität Berlin, da ein reguläres Studium für Frauen noch nicht möglich war. Nach ihrer erfolgreichen Examensprüfung erhielt sie 1907 die Stelle einer Oberlehrerin an der Elisabethschule in Marburg und wurde dort 1925 stellvertretende Schulleiterin. Hedwig Jahnow war die erste Frau im Magistrat der Stadt Marburg. Wegen ihrer jüdischen Abstammung wurde sie 1935 zwangsweise in den Ruhestand versetzt. 1942 wurde sie mit der dritten Deportation in das KZ Theresienstadt verschleppt, wo sie 1944 an Unterernährung starb.

Landgraf Philipp der Großmütige (1504–1567)

Philipp von Hessen wurde im Marburger →*Landgrafenschloss* geboren und heiratete mit 19 Jahren die 17-jährige Christine von Sachsen, mit der er 10 Kinder hatte. 1524 schloss er sich als junger Landgraf der Reformation an und führte diese in seiner Landgrafschaft ein. 1527 enteignete er alle

Porträt von Landgraf Philipp auf einem Gemälde von Hans Krell von 1534.

Landgraf Philipp 1542 auf dem sogenannten Philippstein in der Klosterkirche in Haina.

Klöster und gründete mit deren Besitztümern die zweite protestantische →*Universität* Deutschlands (die erste wurde ein Jahr zuvor im schlesischen Liegnitz gegründet und besteht nicht mehr), eine Stipendiatenanstalt, ein Gymnasium und vier Hospitäler. Um den Streit der Reformatoren Luther und Zwingli zu beenden, lud er sie zum →*Marburger Religionsgespräch* ein. Er modernisierte das gesamte staatliche System in Hessen und förderte Bildung und Gesundheitsfürsorge. Noch zu Lebzeiten seiner Ehefrau heiratete er 1540 heimlich Margarethe von der Saale und ließ sich diese Doppelehe von Luther genehmigen. Nach Philipps Tod mit 63 Jahren wurde Hessen gemäß seinem Testament unter seinen vier Söhnen aus erster Ehe aufgeteilt. Diese Teilung führte letztlich zu getrennten Entwicklungen im nördlichen Teil (Hessen-Kassel) und im südlichen Teil des Landes (Hessen-Darmstadt).

Ein Marburger Pfennig aus der Regierungszeit von Sophie von Brabant um 1248. Er befindet sich im Museum für Kulturgeschichte im Landgrafenschloss.

Die Bronzestatue der Sophie von Brabant mit ihrem Sohn Heinrich am Marktplatz vor dem Rathaus.

Sophie von Brabant (1224–1275)
Die Tochter der heiligen Elisabeth von Thüringen (→*Personen*) war die Begründerin des Landes Hessen. Sie wählte Marburg als Sitz für ihren Sohn Heinrich I., den ersten hessischen Landgrafen, und baute die ursprüngliche Burg in Marburg zur landgräflichen Residenz aus (→*Landgrafenschloss*).
Während ihrer Regentschaft wurde Marburg erweitert und eine Verfassung erarbeitet. Auf dem Marktplatz erinnert seit 1989 eine Statue an Sophie und ihren Sohn Heinrich.

Otto Ubbelohde (1867–1922)

Der Maler und Zeichner hessischer Landschaften wurde in Marburg geboren, wo sein Vater als Professor für Rechtswissenschaften an der Universität lehrte. Nach dem Abitur

Otto Ubbelohde und seine Frau Hanna 1906 vor ihrem Haus in Goßfelden bei Marburg.

Der Innenhof des Marburger Schlosses in einer Illustration von Otto Ubbelohde zum Märchen „Die Bienenkönigin".

studierte Otto Ubbelohde an der Münchner Kunstakademie und war danach als freier Maler und Zeichner in München tätig. Er beteiligte sich an Ausstellungen der Münchner Sezession, einer Abspaltung von der konservativen Münchner Künstlergenossenschaft. Nach der Heirat 1897 mit der aus Bremen stammenden Hanna Unger (1873–1948) kehrte er schließlich nach Mittelhessen zurück und baute in Goßfelden bei Marburg ein Atelier- und Wohnhaus (heute Museum). Sehr bekannt wurde Ubbelohde durch seine Illustrationen zu einer 1909 erschienenen Jubi-

„Hanna im roten Rock". Otto Ubbelohde. Um 1895. Öl auf Karton. Otto-Ubbelohde-Stiftung, Goßfelden.

„Die Heiligen drei Könige vor Marburg". Otto Ubbelohde. Gemälde. Otto-Ubbelohde-Haus, Goßfelden.

„Mohnblumen und Korn". Otto Ubbelohde. Um 1898. Öl auf Leinwand. Otto-Ubbelohde-Stiftung, Goßfelden.

läumsausgabe der Kinder- und Hausmärchen der Brüder Grimm (→Personen). Neben seinem umfangreichen druckgraphischen Werk aus Illustrationen für Bücher, Kalender, Postkarten etc. schuf er in seinen Gemälden landschaftliche Stimmungsbilder seiner hessischen Heimat.

Planetenlehrpfad

Entlang eines Teils des Radweges von Cappel zur Marburger Innenstadt wurde 1995 auf einer Strecke von 6 km der erste Planetenlehrpfad eröffnet, der es auch Blinden und Sehbehinderten ermöglicht, sich die Dimensionen unseres Sonnensystems

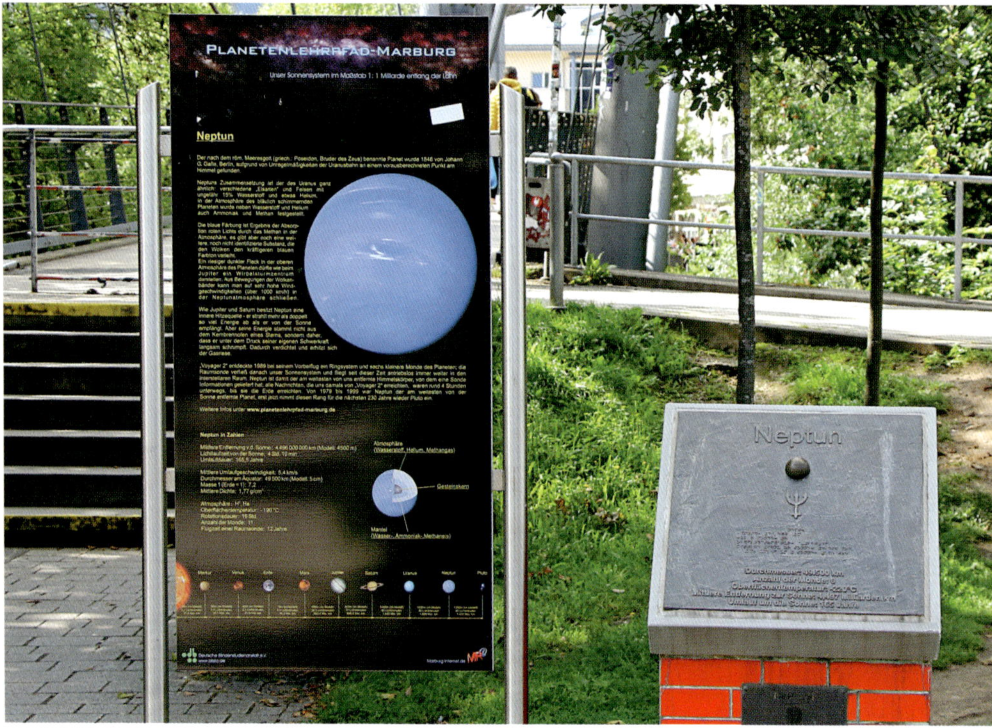

Station des Planeten Neptun an der Luisa-Haeuser-Brücke. Rechts das Tastmodell mit Punkt- und Vollschrift.

vorzustellen. Ein Meter entlang des Pfades entspricht einer Million Kilometer im Weltraum. Die Projektidee entstand in einer Arbeitsgruppe der Carl-Strehl-Schule an der Marburger →*Blindenstudienanstalt*. Der Lehrer Hans Junker entwickelte und realisierte das Vorhaben mit sieben Schülern der Mittelstufe. Der Pfad beginnt am Modell der Sonne im Cappeler Feld und führt bis zur Nachbildung des Zwergplaneten Pluto an der Bahnhofsbrücke.

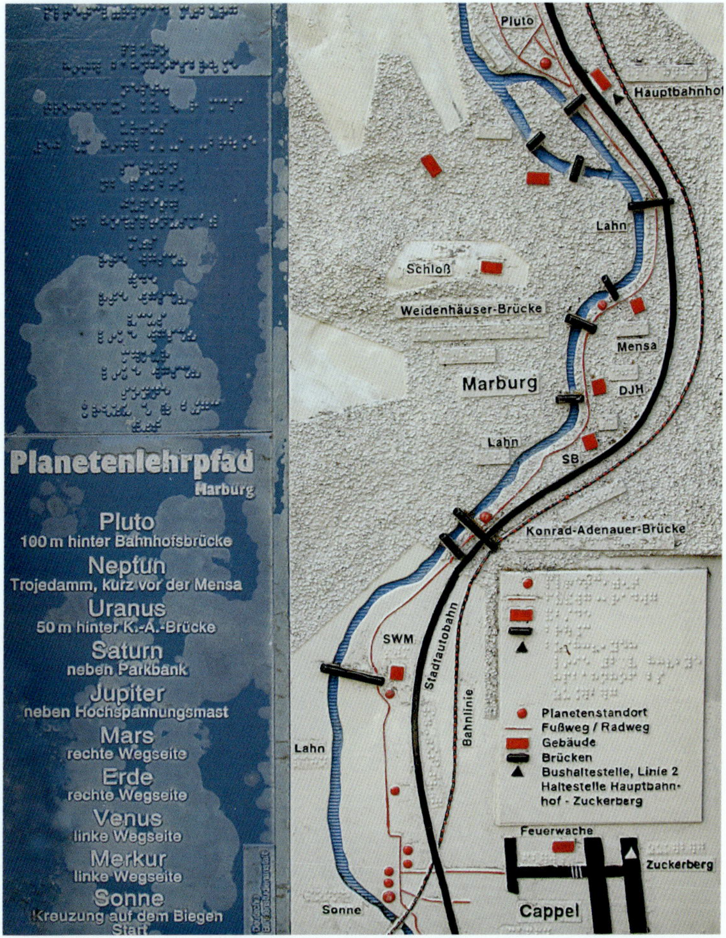

Infotafel mit einer Karte zum Planetenlehrpfad.

R Rathaus

Historisches Foto von 1877 vom Marktplatz mit dem Rathaus.

Das historische Rathaus ist auch heute noch der Amtssitz des Magistrats der Stadt. Es wurde nach einer langen Bauphase unter Landgraf Philipp

(→*Personen*) 1526 eingeweiht. Der Baustil nimmt Elemente der Spätgotik auf. Der sechseckige Treppenturm in der Mitte des Gebäudes fällt dabei besonders ins Auge. Er bekam 1582 einen Renaissance-Giebel mit einer kunstvoll gestalteten Uhr. Zur vollen

Das Rathaus zur blauen Stunde.

Der Renaissance-Giebel von 1581 mit der Kunstuhr auf dem Treppenturm am Rathaus.

Stunde bewegt Justitia mit dem Schwert die Balkenwaage als Symbol für gerechte Strafurteile in der Stadt. Der Tod dreht das Stundenglas und der Wächter bläst seine Trompete, während der Hahn auf der Spitze dazu mit den Flügeln schlägt. Der Turm ist über einen separaten Eingang begehbar. Über der historischen blauen Tür sieht man ein Relief der heiligen Elisabeth von 1524.

Im Untergeschoss befanden sich die Verkaufsstände der Marburger Metzgerzunft und der Zugang zu dem unter dem Marktplatz gelegenen Gefängnis. Im Erdgeschoss boten die Wollweber ihre Tuchwaren an. Vor dieser Kaufhalle ist außen am Treppenturm noch heute die „Marburger Elle“ angebracht, ein damals gebräuchliches Tuchmaß (Längenmaß). Im mittleren Stockwerk lagen zwei Ratsstuben, ergänzt durch den da-

Federzeichnung von Otto Ubbelohde (um 1910) mit einer Marktszene vor dem Rathaus.

Die historische Eingangstür zum Treppenturm am Rathaus mit dem Elisabeth-Relief darüber.

rüber liegenden Festsaal, der auch von Bürgern gemietet werden konnte. Da der Platz kaum ausreichte, wurde 1575 an der Westseite ein Küchenanbau errichtet. Anfang des 20. Jahrhunderts wurden im Untergeschoss Arrestzellen der Stadtpolizei eingebaut, die bis 1964 benutzt wurden. In der Zeit des Nationalsozialismus waren hier viele Regimegegner inhaftiert. Daran erinnert eine Gedenktafel am Eingang zum Untergeschoss an der Westseite des Gebäudes.

Gedenktafel neben dem Eingangstor im Untergeschoss des Rathauses für die Menschen, die gegen den Nationalsozialismus Widerstand geleistet haben.

Das Eingangstor zur Rathausschirne im Untergeschoss des Rathauses.

Ansicht der Oberstadt von Osten mit dem Rathaus, der Pfarrkirche und dem Landgrafenschloss.

Spiegelslustturm

Das weithin sichtbare Lichtkunstherz am Spiegelslustturm ist ein zentraler Bezugspunkt in der Stadt geworden.

Auf den Lahnbergen steht auf fast 380 m Höhe der 1890 errichtete „Kaiser-Wilhelm-Turm". Der 36 m hohe Sandsteinturm wird heute meist Spiegelslustturm genannt, nach der nahe gelegenen Waldgaststätte mit dem Namen „Spiegelslust", die sich schon seit der Mitte des 19. Jahrhunderts hier befindet. Werner Freiherr Spiegel zum Desenberg (1802–1877) hatte nach 1821 den schönen Aussichtspunkt mit einer Grotte und einem Musikpavillon ausgestattet und die Fläche letztlich der Stadt Marburg überlassen. Die Stadt erlaubte dann die Einrichtung einer Gaststätte, die trotz vieler Besitzerwechsel und Umbauten bis heute Bestand hat.

Im Jahr 2007 wurde an der Außenseite des Turms das Lichtkunstwerk „Siebensiebenzwölfnullsieben" installiert. Der Name bezieht sich auf den Geburtstag der Elisabeth von Thüringen (→*Personen*). Die Künstlerin Helmi Ohlhagen (*1967) wählte als Vorlage ein herzförmiges Element aus dem Türbeschlag des Hauptportals der Elisabethkirche (→*Kirchen*). Das Lichtkunstherz ist interaktiv und kann abends und nachts über die Telefonnummer 06421/590469 (kostenfrei) zum Leuchten gebracht werden.

Der Spiegelslustturm auf den Lahnbergen vom Landgrafenschloss gesehen.

Stadtautobahn

Im Laufe der 1960er Jahre wurde die Bundesstraße 3 innerhalb der Stadt Marburg zur vierspurigen, autobahnähnlichen Schnellstraße ausgebaut. Im Jahr 1964 entstand dafür als erstes größeres Bauwerk die Brücke über den Bahnübergang in der Höhe des heutigen Einkaufszentrums Wehrda nördlich der Kernstadt. 1974 wurde dann die „Hochstraße" in Höhe des Bahnhofs eröffnet und damit die Stadtautobahn komplettiert.

Die vierspurige Stadtautobahn verläuft parallel zur Lahn durch die Stadt.

Das Kalbstor mit der um 1235 errichteten Stadtmauer von außen gesehen.

Stadtmauer

Die erste Stadtmauer entstand zwischen 1180 und 1190. Reste dieses Bauwerks sind heute noch zwischen Untergasse und Universitätsstraße zu finden. Diese Ringmauer konnte durch sieben Tore und Pforten passiert werden. Der einzig verbliebene Durchgang, die „Dominikanerpforte“, ist an der →*Universitätskirche* zu finden. Sie diente dem Zugang zu den in der Aue gelegenen Bleichplätzen für die Wäsche und war so klein gehalten, dass sie gut verteidigt werden konnte.
Eine Erweiterung der Stadtmauer erfolgte zwischen 1234 und 1235. Sie führte halbkreisförmig um das Schloss

und hatte vier Stadttore: das Kalbstor und Barfüßertor im Westen, das Lahntor im Osten nahe der Weidenhäuser Brücke und das Werdertor im Norden an der Wasserscheide Richtung Wehrda. Entlang der Mauer gab es vermutlich zwölf Türme. Einer dieser Türme ist der noch erhaltene Bettinaturm, benannt nach Bettina von Arnim (→*Personen*), die sich hier gerne aufhielt. Ebenfalls erhalten blieb das Kalbstor am Beginn der Ritterstraße. Der Name bezieht sich auf die zum Zeitpunkt des Baus in der Nähe des Tors wohnende Familie von Weitershausen, genannt Kalb.

„An der Stadtmauer". Federzeichnung von Otto Ubbelohde (um 1910) der Stadtmauer mit Bettinaturm.

Ansicht des „Bettinaturms" und der westlichen mittelalterlichen Stadtbefestigung vom Kalbstor.

Südviertel

Bis zur Mitte des 19. Jahrhunderts bot sich Reisenden, die von Süden entlang der Lahn nach Marburg kamen, das Bild einer offenen, von Gärten und Wiesen geprägten Kulturlandschaft. Es gab nur wenige Gebäude wie z. B. das aus dem 18. Jahrhundert stammende „Wirtshaus an der Lahn", wo heute der →*„Affenfelsen"* genannte Hochhauskomplex steht, sowie den „Schwanhof" aus dem 16. Jahrhundert und den Anfang des 19. Jahrhunderts

Doppelhäuser aus der Gründerzeit in der Bismarckstraße.

Die Gebäude der ehemaligen Offizier-Speiseanstalt von 1897 und des Bezirkskommandos von 1909 (rechts) in der Frankfurter Straße 6 und 6a.

entstandenen „Englischen Hof". Mit der Annexion durch Preußen im Jahr 1866 wurde Marburg zur Garnisonsstadt und die Universität ausgebaut. 1869 wurde an der Frankfurter Straße die „Alte Jägerkaserne" fertiggestellt, die bereits 1873 erweitert werden musste (heute Fachbereich Psychologie der Universität). Entlang der Gutenbergstraße (damals Kasernenstraße) und von hier aus nach Westen wurde das Südviertel als neues Wohngebiet erschlossen. Zunächst erstreckte es sich bis 1896 bis zur Haspelstraße und dann bis 1907 zur Schwanallee.

Wohnhäuser in der Liebigstraße.

Gründerzeithäuser an der Ecke Friedrich-Naumann-Straße und Friedrichsplatz.

1897 wurde der Südbahnhof in Betrieb genommen und 1913 dann die „Neue Jägerkaserne" auf dem Areal des sogenannten „Kämpfrasens" gebaut (heute Softwarecenter). Der Bau von zusätzlichem Wohnraum wurde im hochwassergefährdeten Bereich der Lahnaue durch Aufschüttungen und Deichbauten möglich. Als zentraler Ort entstand der fünfeckig angelegte Friedrichsplatz. Von dort verlaufen die Straßen sternförmig durch das Viertel. Großzügige Wohn- und Universitätsgebäude im Stil der Gründerzeit prägen die Bebauung bis heute.

Häuserzeile aus Doppelhäusern in der Schückingstraße.

Theater und Kulturzentren

Erwin-Piscator-Haus

Die Stadthalle in moderner Architektur bietet Raum für Konzerte, Theater und Großveranstaltungen aller Art. Hier sind u. a. das Hessische Landestheater, die Tourist-Information und gastronomische Einrichtungen beheimatet.
Biegenstraße 15, 35037 Marburg
https://www.marburg.de/erwin-piscator-haus

KFZ Marburg

1977 als Kultur- und Freizeitzentrum gestartet, ist das KFZ als soziokulturelles Zentrum längst eine etablierte Institution in der Stadt, mit einem vielfältigen Programm von A-Capella-, Folk-, Jazz-, Metal- und Rockmusik bis hin zu Kabarett, Comedy- und Poetry Slam.
Biegenstraße 13, 35037 Marburg
http://www.kfz-marburg.de

Waggonhalle

Ein Kulturzentrum inmitten von Industriekultur. Das Angebot reicht von Theateraufführungen über Musikveranstaltungen bis hin zu Kabarett und Varieté. In der Nähe des Hauptbahnhofs befinden sich ein seit 1989 von der Deutschen Bahn aufgegebener Lokschuppen und die zugehörigen Betriebsgebäude. Seit 1996 entstand hier im früheren Waggongebäude ein über die Grenzen Marburgs hinaus bekanntes Kulturzentrum. Im Laufe der Jahre gestaltete sich ein umfangreiches Veranstaltungsprogramm. Ergänzt wird der Kulturbetrieb durch ein Restaurant und eine Kletterhalle in der ehemaligen Reithalle der Universität.
Rudolf-Bultmann-Str. 2a,
35039 Marburg
https://www.waggonhalle.de

Das Erwin-Piscator-Haus (Stadthalle) mit dem Kulturzentrum KFZ in der Biegenstraße.

U

Universität, Philipps-Universität

„Gießen hat eine Universität, Marburg ist eine. Indem hier alles, vom Prorektor bis zum Stiefelwichser zur Universität gehört". So charakterisierte der Schriftsteller Ernst Koch 1834 das enge Verhältnis von Stadt und Institution schon vor knapp 200 Jahren. Die Universität prägt mit ihren inzwischen deutlich mehr als 20.000 Studierenden bis heute das Stadtbild, aber auch das gesellschaftliche und kulturelle Leben in Marburg.

Die Alte Universität am Rudolphsplatz.

Die älteste heute noch existierende protestantische Universität wurde am 1. Juli 1527 von Landgraf Philipp dem Großmütigen (→*Personen*) gegründet. Zu Beginn gab es 88 Studenten und elf Professoren. Die Marburger Universität trägt seit dem frühen 20. Jahrhundert den Namen ihres Stifters. Landgraf Philipp wollte mit der Einrichtung einer Universität einen Ausgleich für die abnehmenden Pilgerströme zum Grab von Elisabeth von Thüringen (→*Personen*) und den Verlust der Landgrafenresidenz schaffen.

Der „Silberwürfel" war von 1967 bis 2018 die Universitätsbibliothek.

Modernes Design der neuen Universitätsbibliothek.

Die zur damaligen Zeit 4000 Einwohner*innen profitierten rasch von der neuen Institution innerhalb der Stadtmauern und konnten sich dadurch von den wirtschaftlichen Auswirkungen mehrerer verheerender Brände und dem Ausbruch der Pest erholen. Spätestens ab 1541 wurde die Universität dann zum wichtigsten Wirtschaftsfaktor der Stadtentwicklung. Durch eine „Fundations-

Gegen Kassel – zu diesem Zeitpunkt die Residenzstadt – sprach auch die Lage des zentralen Hofgerichtes in Marburg. Die dort tätigen Juristen stellten die Basis der Lehrenden. Der erste Rektor der „Alma Mater Philippina" war ebenfalls ein Jurist.

Lesesaal in der neuen Universitätsbibliothek.

Innenansicht der neuen Universitätsbibliothek.

urkunde" wurde die Finanzierung aus den Einnahmen von zehn aufgelösten hessischen Klöstern nachhaltig festgelegt. Bis Mitte des 19. Jahrhunderts wurden die Räume der ehemaligen Klöster der Dominikaner, der Franziskaner und der „Kugelherren" genutzt. Unterrichtet wurden Jura, Theologie, Philosophie und Medizin. Allerdings blieb die Größe der Universität bis in die Mitte des 19. Jahrhunderts mit 200 bis 300 Studenten relativ klein. Dies lag auch an der Konkurrenz durch die Gründung der lutherischen „Gegenuniversität" in Gießen im Jahr 1605.

Nachdem 1850 der Bahnhof er-

Außenansicht der neuen Universitätsbibliothek vom Botanischen Garten aus gesehen.

Die „PhilFak"-Türme neben der Stadtautobahn.

öffnet und Marburg 1866 preußisch wurde, setzte ein enormer Aufschwung der Universität ein. 1891 wurde anstelle des Dominikanerklosters ein Neubau errichtet, der heute als „Alte Universität" bezeichnet wird. Bis 1914 verdoppelte sich die Zahl der Professuren und die Zahl der Studenten und nun auch Studentinnen stieg auf fast 4000. Die Universität erhielt die ersten größeren Neubauten und dehnte sich insbesondere in nördlicher Richtung in einer Achse von der Elisabethkirche (→ *Kirchen*) zum Bahnhof hin aus. Die Verleihung des ersten Nobelpreises 1901 an Emil von Behring (→*Personen*) und die Gründung der Behringwerke zu Beginn des 20. Jahrhunderts dokumentieren die rasante Entwicklung der Universität.

Nach dem Ende des Zweiten Weltkrieges startete der universitäre Betrieb 1946 wieder neu mit 2900 Studierenden. Die Zahlen stiegen kontinuierlich und im Wintersemester 1971/1972 studierten erstmals über 10.000 Menschen an der Philipps-Universität.

Die sich entwickelnden Studierendenzahlen, die Zunahme der angebotenen Fächer und Studiengänge erforderten auch ein deutliches Wachstum der Infrastruktur, namentlich in Form von zusätzlichen Gebäuden und Räumlichkeiten. Innerhalb der Stadt gab es nur wenige Möglichkeiten. So begann ab 1960 der schrittweise Umzug der naturwissenschaftlichen Fächer auf die Lahnberge, linksseitig der Lahn. Die geisteswissenschaftlichen Fächer konnten 1967 ihre neuen Gebäude in der Nähe der Stadtautobahn

beziehen, neben dem Neubau der zentralen Universitätsbibliothek. In diesem Bereich der philosophischen Fakultät (kurz „PhilFak") erwarb Marburg unter dem bekannten Politologen Wolfgang Abendroth (→*Personen*) zur Zeit der Studentenbewegung den Ruf als „rote Universität".
Seit einigen Jahren geht die Universität neue Wege. Sie baut das neue geisteswissenschaftliche Campusgelände „Firmanei" zwischen Pilgrimstein, dem Hörsaalgebäude an der Biegenstraße und dem ehemaligen Gelände des Deutschen Ordens. Das zentrale Gebäude ist dort die 2018 eingeweihte neue Universitätsbibliothek mit über drei Millionen Medien.

Die Stadtautobahn bei den geisteswissenschaftlichen Instituten („PhilFak") in Marburg Mitte.

Weidenhausen

Außerhalb der Stadt Marburg lag auf dem linken Ufer der Lahn, die 1235 erstmals urkundlich erwähnte Siedlung Weidenhausen. Im Mittelalter überquerte eine in Ost-West-Richtung verlaufende Handelsstraße an dieser Stelle die Lahn. Bereits 1250

Oben: Der Hirsefeldsteg über die Lahn verbindet Weidenhausen mit dem Südviertel für Fußgänger und Radfahrer.

Links: Die renovierte Weidenhäuser Brücke von Weidenhausen aus gesehen.

ist dort eine Steinbrücke nachweisbar. In dem Straßendorf gab es viele wasserabhängige Gewerbe wie Lohgerber, Töpfer, Leinweber und Wollweber, da der Vorort bis in die 1950er Jahre von Lahnarmen und Wassergräben umgeben war. Erst dann wurden diese zugeschüttet und durch die heutigen schmalen Gassen ersetzt.

Die Weidenhäuser Brücke ist bis heute eine der wichtigsten Verkehrsadern in Marburg. Sie wurde zuletzt 2019 renoviert.

Die Weidenhäuser Straße mit schön renovierten Fachwerkhäusern.

Ein bisschen „Hafenflair“ an der Lahn in Weidenhausen.

Wenn man heute über die Brücke nach Weidenhausen kommt, faszinieren malerische Gassen mit kleinen wunderschönen Fachwerkhäusern wie aus einem Bilderbuch. Cafés und Gaststätten sowie der Park am Wehr laden zum Verweilen ein. Hinzu kommen die schönen Blickachsen auf das →*Landgrafenschloss* und die →*Oberstadt*. Etwas lahnabwärts kann man über den Hirsefeldsteg die Lahn überqueren und über die Straße Am Grün zur Weidenhäuser Brücke zurückkehren. Weidenhausen ist heute ein wichtiger Baustein im Tourismus- und Naherholungskonzept der Stadt.

Ansicht der Weidenhäuser Straße in Richtung Oberstadt.

Das ehemalige St. Jakobs Hospital von 1570 in der Weidenhäuser Straße 13.

Zeitleiste

10. Jahrhundert: Erste Burg auf dem heutigen Schlossberg

1138/39: Erste urkundliche Erwähnung der Burg Marburg

Um 1140: Markt- und Münzrecht („Marburger Pfennige“)

1222: Erste urkundliche Erwähnung Marburgs als Stadt

1228: Landgräfin Elisabeth von Thüringen gründet als Witwe ein Hospital in Marburg

1231: Landgräfin Elisabeth stirbt mit 24 Jahren

1234: Der Deutsche Orden erhält den Auftrag, Elisabeths Grab zu pflegen und ihr Hospital fortzuführen

1235: Heiligsprechung von Elisabeth und Baubeginn der Elisabethkirche über ihrem Grab. Diese ersetzt einen kleineren Vorgängerbau und wird 1283 geweiht. Fertigstellung der Türme ca. 1330

1236: Beisetzung der Gebeine der heiligen Elisabeth in einem Schrein im Beisein von Kaiser Friedrich II.

1248: Elisabeths Tochter Sophie von Brabant sichert ihrem Sohn Heinrich die Herrschaft als Landgraf (Gründung des Landes Hessen)

1254: Einweihung des Elisabethhospitals südlich der Elisabethkirche am Pilgrimstein

1284: Einsetzung des ersten Bürgermeisters in Marburg

1319: Großer Stadtbrand

1348/49: Pestausbruch in der Stadt

1357: Kaiser Karl IV. besucht als Pilger das Grab der heiligen Elisabeth

1428: Neues Stadtrecht (gültig für 400 Jahre)

1513: Philipp der Großmütige wird Landgraf und regiert bis 1567

1510: Baubeginn des Rathauses. Einweihung 1526

1527: Gründung der Universität durch Landgraf Philipp

1529: Marburger Religionsgespräch

1567: Während der Regentschaft von Landgraf Ludwig IV. ist Marburg zum letzten Mal Residenzstadt

1604: Marburg fällt bei der Teilung der Landgrafschaft an Kassel

1623: Besetzung der Stadt im Dreißigjährigen Krieg

1802/03: Die Brüder Grimm beginnen ihr Jurastudium an der Universität

1804–1808: Marburger Romantikerkreis

1807–13: Marburg gehört unter Jérôme Bonaparte, dem jüngsten Bruder Napoleons, zum Königreich Westphalen

1809: Auflösung des Deutschen Ordens in Marburg. In der Folge wird das Elisabethhospital Universitätsklinik. Der Aufstand in Marburg gegen die französische Besatzung wird blutig niedergeschlagen

1850: Eröffnung der Eisenbahnlinie Kassel–Marburg, 1852 Anschluss nach Frankfurt

1866: Marburg kommt zum Königreich Preußen und erlebt einen Aufschwung

1872–91: Neubau der Universität („Alte Universität")

1895: Emil Behring wird Direktor des Hygienischen Instituts der Universität und baut auf dem Schlossberg ein Privatlaboratorium

1901: Emil von Behring erhält den ersten Nobelpreis für Medizin und den Adelstitel

1904: Gründung der Behringwerke zur Produktion von Impfstoffen

1916: Gründung des Vorläufers der Deutschen Blindenstudienanstalt (blista)

1938: Zerstörung der jüdischen Synagoge durch die SA in der Pogromnacht vom 9. auf den 10. November

1944/45: Durch Luftangriffe sind hauptsächlich das Bahnhofsviertel und zum kleineren Teil das Südviertel betroffen. Der Großteil der Stadt und die Oberstadt bleiben unbeschädigt

1945: Besetzung Marburgs durch amerikanische Soldaten am 28.03.

1967: Fertigstellung der Universitätsneubauten für die Geisteswissenschaften und Universitätsbibliothek im Lahntal und für die Naturwissenschaften auf den Lahnbergen

1963: Baubeginn für den neuen Stadtteil Richtsberg

1972: Beginn der Altstadtsanierung und Einrichtung der ersten Fußgängerzone

1974: Während der Gebietsreform in Hessen wird Marburg um 18 Stadtteile erweitert

1984: Universitätsklinikum auf den Lahnbergen

1995: Weltweit erster Planetenlehrpfad, der auch für Blinde nutzbar ist

2006: Privatisierung des Universitätsklinikums und Vereinigung mit dem Universitätsklinikum der Universität Gießen

2007: 800. Geburtstag der heiligen Elisabeth und Start der Campus-Planungen der Universität im Bereich des alten botanischen Gartens

2012: Eröffnung des „Garten des Gedenkens" an der Stelle der 1938 zerstörten Synagoge in der Universitätsstraße

2015: Grundlegende Neugestaltung des Bahnhofs und des Vorplatzes

2018: Einweihung der neuen Universitätsbibliothek als zentrales Element des Campus Firmanei an der Deutschhausstraße

2021: Beginn der Produktion eines Impfstoffes gegen COVID-19 auf dem Gelände der ehemaligen Behringwerke

2022: 800-Jahr-Feier der Stadt Marburg

Quellen, Literatur

Dahne, E. et al. (1985). Marburg: Eine illustrierte Stadtgeschichte: Wirtschaft u. Kultur, Armseliges u. Herrschaftliches, Torheit u. Gelehrsamkeit aus 850 Jahren. Verlag Arbeiterbewegung und Gesellschaftswissenschaft, Marburg.

Dettmering, E. (2007): Marburg – Kleine Stadtgeschichte, Verlag Friedrich Pustet, Regensburg

Großmann, G. U. (2015). Marburg: Stadtführer, Michael Imhof Verlag, Petersberg

Kemp, E., Krause, K., Schütte, U. (Hrsg.) (2002): Marburg Architekturführer, Michael Imhof Verlag, Petersberg

Kieselbach, R., Kinsella, M. et al. (2011). Marburg. Verlag Klaus Laaser, Marburg.

Thauwald, P., Lehmstedt, M. (2020). Marburg an einem Tag: Ein Stadtrundgang. Lehmstedt Verlag, Leipzig.

Weigel, K., et al. (2016). Marburg höchstpersönlich – ein Stadtführer: 50 Tipps von Marburger Gästeführerinnen und Gästeführern; mit einer Stadtkarte. Jonas-Verlag für Kunst und Literatur, Weimar

Wittstock, J., Marburger Universitätsmuseum für Kunst und Kulturgeschichte. (2007). Elisabeth in Marburg: Der Dienst am Kranken; eine Ausstellung des Universitätsmuseums für Kunst und Kulturgeschichte Marburg ...; 24. März bis 25. November 2007, Landgrafenschloss Marburg; Katalogbuch. Bing und Schwarz, Kassel.

Historische Stadtansicht um 1875 vom Südturm der Elisabethkirche auf die Oberstadt und das Schloss. Im Vordergrund links das ehemalige Elisabethhospital am Pilgrimstein und dahinter das Hygiene-Institut der Universität.

Inhalt

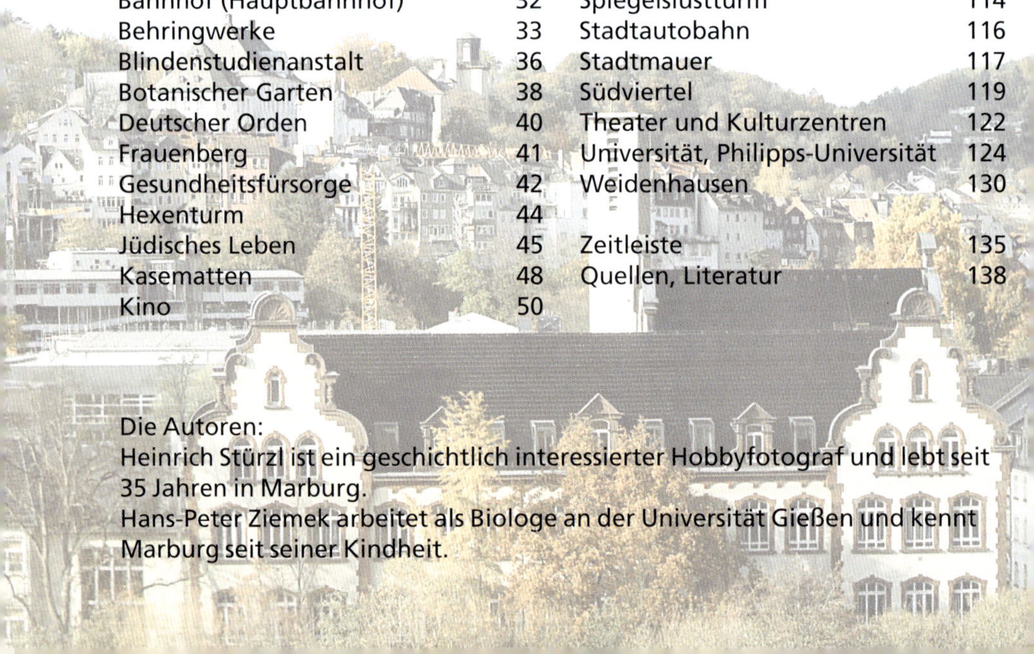

Die Autoren:
Heinrich Stürzl ist ein geschichtlich interessierter Hobbyfotograf und lebt seit 35 Jahren in Marburg.
Hans-Peter Ziemek arbeitet als Biologe an der Universität Gießen und kennt Marburg seit seiner Kindheit.

Titelbild: Die Marburger Oberstadt mit dem Landgrafenschloss
Bild auf der Rückseite: Der Marburger Marktplatz mit dem historischen Rathaus.

Alle Fotos, soweit nicht anders angegeben: Heinrich Stürzl, Wikimedia, CC BY-SA 4.0; Stadtpläne: OpenStreetMap-Mitwirkende, openstreetmap.org (Karte), Heinrich Stürzl (Bearbeitungen); S. 34, 35, Wolkenkratzer, Wikimedia, CC BY-SA 3.0; S. 40 beide, Foto von Hydro bei Wikipedia, CC BY-SA 4.0; S. 88 oben, Asio otus, Wikimedia, CC BY-SA 3.0; S. 90 oben Klaus Bogon; S. 90 unten Ottfried Schreiter; S. 81, S. 94 oben, S. 95 unten, S. 101 , S. 102 unten, Wikimedia, gemeinfrei; S. 102 oben, Clemensfranz, Wikimedia, CC BY-SA 3.0; S. 6, S. 42, S. 108, S. 138 historische Fotografie von Ludwig Bickell (1838–1901) Bildarchiv Foto Marburg, Wikimedia, gemeinfrei; Künstlerische Darstellungen von Otto Ubbelohde (1867–1922) Wikimedia, gemeinfrei

Für Unterstützung und hilfreiche Hinweise sei gedankt: Conny Kleinhans-Stürzl, Regina Weber-Ziemek, Christian Matz (UB Marburg) und Thomas Prochazka.
Ein besonderer Dank gilt der Stadt Marburg für die Erlaubnis, das Logo zum Stadtjubiläum im Jahr 2022 verwenden zu dürfen.

Bibliografische Information der Deutschen Nationalbibliothek

Die Deutsche Nationalbibliothek verzeichnet diese Publikation in der Deutschen Nationalbibliografie; detaillierte bibliografische Daten sind im Internet über http://dnb.dnb.de abrufbar.

Gesamtherstellung: Husum Druck- und Verlagsgesellschaft
Postfach 1480, D-25804 Husum – www.verlagsgruppe.de
ISBN 978-3-96717-043-6

Stadtansicht vom Kirchhof der Lutherischen Pfarrkirche nach Süden.